나만 몰랐던 행복

최경규

박영사

서 문

언제나 그렇듯 서문 쓰는 일이 제일 어렵다. 그래서 항상 제일 나중에 출판사로 보내는 글인가 보다. 서문이 어려운 이유는 이 글을 보는 이들에게 전해주고 싶은 마음이 무엇인지를 한 장에 모두 담아야만 하는 시험지 같은 기분이 들기 때문이다.

'내 안의 행복을 깨워라'를 시작으로 '마음치유'까지 행복과 치유라는 키워드로 지난 10년간 많은 책을 쓰며, 강연을 통해 감사하게도 국내외 수많은 이들을 만나게 되었다. 하지만 이러한 인연들은 겉으로 보이는 것과 달리, 마음의 길을 잃은 사람들이 생각보다 많음을 알게 된다.

빠름이 정답으로 인식되는 세상. SNS라는 틀에 여린 마음을 넣으며 때로는 자존감 상실을 맛보기도 하고, 어떻게 살아야 하는지에 대한 질문과 함께 차가운 한숨만 쉬기도 한다.

그들에게 하고픈 말들을 담은 글이 바로 이 책이다. 상담이나 강연 때

차마 전하지 못했던 이야기들을 솔직한 나만의 언어로 한 톨 한 톨 정성껏 마음에 담아보았다. 나 역시 삶을 완벽히 알지 못한다. 하지만 행복을 연구하는 사람으로 어떻게 하면 숨겨진 행복을 잘 찾을지, 잃었던 행복탄력을 재생시킬지에 대한 길은 알고 있다.

이 책은 그리 어려운 책이 아니다. 누구나 지나칠 수 있는 우리네 삶의 이야기 속, 그 안의 숨겨진 행복을 찾는 여행자의 이야기이다. 쉬운 문체를 쓰려 부단히 노력했다. 화려하지도 않은 글이지만, 누구나 읽었으면 좋겠다는 진심을 담아 글을 한 줄 한 줄 써 내려갔다.

작가로서 이 책과 인연이 된 당신에게 하고픈 말이 있다면, 하루 한 장씩만 읽어주길 바란다. 한 장을 읽고 책을 덮고, 스스로를 돌아보는 시간을 가졌으면 한다. 빠름이 정답인 것 같은 세상이지만, 내가 나를 돌아보는 시간은 절대적으로 필요하기 때문이다.

그런 시간이 내 책을 읽는 동안, 당신과 함께하길 바라본다. 나만 몰랐던 행복, 이 책을 통해 하나씩 느껴보길 두 손 모아 기도해 본다.

당신의 오늘이 어제보다 조금은 더 편안하길, 더 미소짓기를.

2025년 3월
최경규

김경일 인지심리학자, 아주대학교 심리학과 교수, 『마음의 지혜』 저자

심리학자들은 행복을 크게 두 가지로 나눈다. 목표로서의 행복과 도구로서의 행복. 전자는 무언가를 이루고 난 뒤의 행복이고 후자는 무언가를 이루기 위한 행복이다. 전자를 행선지로, 후자를 여정으로 부르는 사람도 있다. 그런데 그 종착지까지 가는 과정에서 무슨 생각을 하면서 갈 것인가를 알려주는 사람들이 있다. 이른바 조용한 현인들이다. 오랜만에 그런 현인의 조언이 담긴 책을 만났다. 참으로 친절하면서도 사려 깊은 조언들로 가득하다.

강원국 작가, 우석대학교 교수, 『대통령의 글쓰기』 저자

행복 전도사이자 상담 치유 전문가인 저자는 '알아차림', '받아들임', '내려놓음'을 주문한다. 그래, 어차피 일어날 일은 일어나는 법이지. 올 것은 오고 갈 것은 가기 마련이야. 나를 아끼고, 지금의 나로 만족해야 해. 어느 한마디 이치에 어긋난 말이 없다. 당연한 말이다. 하지만 당연하게만 들리지는 않는다. 평소 이런 말대로 살고자 안간힘을 쓰고 있는 저자를 잘 알기 때문이다. 이것이 저자의 진심이라 믿기 때문이다. 진심은 통하는 법일까. 읽는 내내 행복했다. 읽고 나서 마음의 평화가 찾아왔다.

유영만 지식생태학자, 한양대학교 교수, 『인생이 시(詩)답지 않아서』 저자

지금, 이 순간을 만끽하지 못하고 미래를 담보로 현재를 희생하며 '빠듯'하게 살아가는 사람들에게 『나만 몰랐던 행복』은 진정한 행복은 더하기가 아니라 빼기이며, 채우기가 아니라 비우는 가운데 '뿌듯'하고 행복한 삶이 펼쳐지는 평범하지만 소중한 삶의 원칙을 습관화시키는 방법을 넌지시 알려주고 있다. 최경규 박사는 사회가 원하는 각종 가치 판단 기준에 휩쓸려 떠내려가는 '원심력' 인생을 살지 말고, 내가 삶의 주도권을 잡고 세상의 풍파를 이겨내는 '구심력' 인생으로 살아가는 방식으로 바꾼다면 '추상명사'였던 관념적 행복도 일상에서 우리가 순간마다 느끼고 감탄하는 '동사'로 바뀌는 경이로운 기적을 몸으로 느낄 수 있는 소중한 깨달음을 건네준다. '성과'는 고속으로 달성했지만 '성장'하지 않고 이유 없는 허전함을 느끼는 모든 사람에게 이 책은 자신을 사랑하게 만들어주는 소중한 지침서다.

차 례

알아차림

사랑하는 사람을
기억하지 못할 날이 온다면

현대인들이 가장 많이 쓰는 단어 중 하나는 스트레스가 아닐까 싶다. 요즘처럼 불확실성이 깊어진 다양한 인간관계 속에서의 시대상이 반영된 단어일 수 있다. 하지만 그 반대인 사랑이라는 단어가 자주 사용된 때도 분명 있었을 테지만, 지난 한 달을 거슬러 기억해 보아도 사랑한다는 말을 주위에서 들어 본 적이 그리 없었던 듯하다. 스트레스 받는다는 말은 하루에도 수없이 귓가를 스치며 들려 오는데도 말이다.

오늘 내가 말하고 싶은 것은 스트레스가 아니다. 바로 사랑이다. 사랑이라는 단어를 떠올려보면 나이에 따라 삶에서 비치는 색은 각기 다르다. 흔히 드라마에서 보는 로맨틱한 감정을 우리는 사랑이라 떠올리기 쉬울지 모른다. 그래서 20~30대의 욕망적, 소유욕이 강한 것을 사랑이라 명명하며 우리의 삶에서 각인되고 있을지 모른다. 그래서인지 나이가 들어감에도 아직 사랑이란 이름으로 상대를 내 감정의 울타리를 쳐놓는 이들도 적지 않다.

선배 한 분이 이렇게 말했다. "사랑이 어려운 이유가 뭔지 알아? 늘 변하기 때문이야, 마치 바람에 따라 움직이는 구름처럼 말이지. 환경도 변하고 마음도 변하거든, 그래서 그걸 이겨내려면 인내와 희생이 필요해. 하지만 인스턴트 러브가 쉬운 사람들에게는 너무나 어려운 일이지. 그리고 자기만족을 위한 감정을 사랑이라 표현하는 분도 있어. 하지만 그것은 타인을 내 마음에 가두려는 집착이고 강요이기 때문에 관계는 오래갈 수가 없어"

그렇다. 자기만족을 위한 감정은 이기적인 사랑이다. 사랑이라는 음식에서 결코 빠질 수 없는 재료가 바로 희생이지만, 그러한 만족만을 위한 사람들에게는 절대적으로 결핍되어 있었다.

또 다른 선배는 이렇게 사랑을 말한다. "그런 의미에서 보면 삶의 황혼기를 맞으면 사랑이 없는 것이냐고 물어볼 수 있지. 하지만 나이가 들수록 사랑은 더 쉽게 다가오고 느낄 수 있어. 우리 집 앞 세탁소는 벌써 40년이 되어가지. 부부가 함께 일했지만, 지금은 할아버지 혼자 일하기 때문에 일찍 문을 닫는 편이야. 저녁이면 아무리 손님이 와도 미안하다며 내일 오라고 하고, 할머니가 있는 집으로 가더라구. 치매가 걸린 부인을 늘 웃으며 대하는 할아버지, 어떻게 그렇게 살갑게 대할 수 있는지 물은 적이 있어. 그분의 대답은 내 가슴에 늘 박혀있어"

"집사람은 이제 내가 누군지도 몰라요. 때로는 나를 때리기까지 하지요. 하지만 말입니다. 나는 아프지 않아요. 심지어 멍이 든다고 해도 며칠 지나면 멍은 사라지겠지요. 그런데 말입니다. 내가 집사람을 기억할 수 없을 때가 올 겁니다. 그때는 서로를 몰라보겠지요. 그때가 언제인지 몰라요. 내년일 수도 있지만 어쩌면 내일일지도 말이지요, 그래서 후회 없이 사랑하려고 합니다. 살아보니 이제야 뭐가 중요한 것인지 좀 알 것 같아요. 내 나이 80에 말이지요."

갈수록 똑똑해지는 우리 현대인은 정작 가장 중요한 사실을 잊고 살아간다. 마치 영원 속에 살아갈 것처럼 아등바등하고, 조금이라도 손해를 보면 자존감이 떨어지는 일인 양, 하루를 전투 속에서 살아가는 듯하기도 하다. 눈에 보이는 것이 전부인 것처럼 믿고 대하는 세상 속에서 과연 우리는 현명하게 살고 있다고 말할 수 있을까?

중요한 사실은 바로 영원한 것은 없다는 것이다. 변하지 않는 것은 아무것도 없음에도 우리는 좋았던 과거만 기억하고, 아직 오지 않은 내일을 걱정하며 스트레스를 받는다. 그러는 사이, 시간은 흘러가고 정작 중요한 일은 내일로 미루는 경향이 있다.

사랑할 수 있을 때 원 없이 사랑하고, 안아줄 수 있을 때 가슴이 터질 정도로 안아주어야 한다. 세상을 살면서 잘사는 비결 한 가지는 바로 무엇이 중요한지를 알고, 그 중요한 시간 속에 진심을 담아 실행하는 일. 그러면 아까운 시간 속에서 화낼 일도 가슴 아파할 일도 줄어들 것만 같다. 진정한 비움이란 아무것도 채우지 않기 위해 다 버리는 것이 아니라, 정말 소중한 것을 담기 위해 불필요한 것을 버리는 작업이기 때문이다.

어느새 또 다른 계절이 다가오고 있다. 다시는 돌아오지 않을 오늘을 무슨 색을 채울지는 바로, 이 글을 읽는 당신의 마음에 달려있다. 스트레스로 물들 시간을 만들지, 아닐지 말이다.

나는 내일을 맞이할 준비를 하려 한다. 정말 소중한 사랑을 내 삶에 채우기 위해 비움의 시간을 가지려 한다. 비우고 또 비우면 맑아지고 더 맑아져서, 소중한 것이 무엇인지 더 잘 보이지 않을까 생각해 본다.

사랑하는 사람을 기억하지 못할 날이 온다면   13

마음의 평온을 유지하는
한마디

하늘의 뜻을 비로소 알게 된다는 지천명(知天命)의 나이를 지나, 그
어떤 말도 귀에 거슬림이 없다는 이순(耳順)을 바라보는 나이가 되면,
그동안 가지고 있던 삶의 철학들이 조금씩 바뀌는 듯하다. 인생의 선
배들이 그러했고 나 또한 그러할 듯하니 말이다. 나를 잘 따르는 후배
가 삶을 유연하게 살 수 있는 법에 관하여 물어본 적이 있다. 어떻게
하면 잘 살 수 있는지 하고 말이다.

"나이가 들면서 점점 쓰지 않게 되는 단어가 하나 있지, 그게 뭔지
아는가? 바로 '절대'라는 말이네, 이 말을 기억하면 크게 화날 일도, 슬
퍼할 일도 없다네" 나의 말을 들은 그는 잠시 생각을 하다가, 약간은
상기된 얼굴로 가까이 다가와 말을 잇는다. "'절대'라는 단어만 마음에
품고 있으면 힘든 일이 없다는 말씀이죠? 조금 더 쉽게 설명해 주세
요."

그래, 두 가지로 나누어 설명해 주지

인간관계

사람들은 내가 진행하는 마음치유 상담을 받기 위해 멀리서도 많이 찾아온다네. 그런데 그들의 고민 중 첫 번째가 무엇인 줄 아는가? 바로 인간관계이네. 직장 내에서 혹은 사랑하는 사람 사이에서의 감정적인 문제이지. 인간은 태어나면서부터 누구나 자유의지를 가지게 되지, 배가 고프면 울며 엄마를 찾게 되고, 자고 싶으면 눈을 감고 새근새근 잠을 청하지. 누가 시켜서가 아니라 하고픈 것을 본능적으로 하게 되지만, 사회를 알아가면서 조절 능력을 키우기도 하지.

하지만, 사람 사이에서 마음의 균형을 잡기란 무척 어려운 일이야. 왜냐하면, 자유의지를 가진 사람들끼리, 사회조정력이 각기 다른 사람들 사이에서 균형의 정의는 다 다르기 때문이지, 정확히 50% 대 50%의 균형은 불가능해, 그렇기 때문에 어느 한쪽이 불평등하다 느끼고 서운해하고 인간관계로 힘들어하는 거야.

그래서 내 가치관이, 내 판단이 절대 옳다는 생각을 가급적 지양하는 것을 권하고 싶어. 만약 무조건 내 판단만이 옳다고 생각한다면 세상에 자신과 뜻을 같이할 사람은 거의 없을 거거든. 그러니 인간관계에서 내가 틀렸다는 생각이 자존감을 떨어뜨릴 수도 있지만, 반대로 무조건 내 의견이 로마의 법이라는 식의 고정관념도 틀렸다는 말이지. 이런 유연한 생각이 우리 삶에 행복을 채워줄 거야.

불확실성

마음치유를 청하는 사람들의 두 번째 이유는 바로 미래에 대한 불확실성 때문이었어. 과거에 힘들었던 트라우마를 깨끗이 지우지 못해 오늘이 힘들고, 내일을 기대하기 어렵다고들 하지. 누구나 살면서 여러 풍파와 기곡을 거치며 우리 인간은 단단해지고 소위 말하는 내공도 강해지는 법이지, 하지만 힘들었던 기억들을 고이 보내주지 못하면, 그 감정들은 수시로 우리 생활에서 과거를 떠올릴법한 비슷한 환경이 되면 불청객이 되어 불쑥불쑥 자주 나타나곤 하지. 이때 중요한 사실 한 가지, "또 힘이 드는 구나, 절대 이런 감정은 지워지지 않을 거야. 앞으로도 힘들거야."라고 생각하면 안 된다는 거야, 왜냐하면 스스로 그렇게 무의식적으로 계속 주문을 걸고 있으면 아무리 좋은 약이나 치료도 도움이 될 수가 없어. **바꾸어야 하는 본인이 안 된다고 주기적으로 학습을 시키는데 누가 그 마음을 낫게 도와줄 수 있을까?**

절대라는 생각보다는 내가 이런 생각을 하는구나라고 알아차리고 힘들어하는 자신을 약간은 멀리서 바라보는 자세와 용기가 필요해. 내면의 어린 자아가 힘들어하는 알아차림을 볼 수 있다면 자기 연민, 자기 사랑으로 그 감정에서 조금씩 벗어날 수 있지 않을까, 나는 이런 과정을 나를 찾는 사람들과 마음치유 대화를 통해 고쳐나가고 있어.

그렇지만 한 곳에는 절대라는 말을 써야 할 곳이 있어, 그곳이 어딘지 알아?

바로 자신에게는 이 말을 써야 한다네,

세상 어떠한 일이 있더라도
절대 자신을 버리거나 포기해서는
안 된다는 말이지.

지금까지 많은 사람을 만나왔었지. 젊은 시절 성공한 사업가부터 소위 잘 나간다는 사람들까지 말일세. 하지만 말이야, 지지 않는 태양이 없듯이 사업도 흥망성쇠의 굴곡을 타게 된다네.

자신의 노력이나 의지와 크게 관계없이 말이네, 그럴 때 어떤 이들은 시련에 자신을 놓치고 만다네, 내가 왕년에 누구였다는 자존심을 가지며 현재를 부정하게 되지, 때로는 알코올에 의지하기도 하고, 사람들을 피해 산속으로 들어가기도 하지.

진정한 자존심이란 내가 누구라는 명함보다 절대 나를 믿고 사랑한다는 마음, 즉 자존감이 되어야 한다는 거지. 99% 변하지 않는 것이 없기에 절대라는 말을 쓰지 말라고 했지만, 자기 자신에게는 절대적이어야 한다는 것은 남은 1%의 진리이네. 이 1%의 절대 진리를 잊어서는 안 되는 것이지. 사랑하는 사람에게 버림받거나, 사업으로 실패해도, 건강이 나빠 힘든 하루를 보내는 이들 모두, 자기 손톱 밑의 가시가 제일 아픈 것처럼 아마 세상에서 제일 불행하거나 힘든 사람일 거라 치부할 수 있어. 하나 절대 잊어서는 안 되는 것은 자신을 아끼고 사랑해야 한다는 사실이지.

내가 있어야 세상도 있는 법,
내 마음이 밝아야 세상도 밝게 보이는 거야.

우울한 마음을 늘 가지고 있는 사람은 내년에도 우울할 가능성이 크지, 그들은 자신을 믿기보다 주위 환경이 개선되길 바라기 때문일 수도 있어, 세상일이 모두 마음먹은 대로 되진 않아 그러면 세상이 아니겠지. 하지만 내가 나를 절대적으로 믿고 사랑한다면 세상 일어나는 크고 작은 일들은 그저 지나가는 바람일 뿐일 수도 있네,

나의 이야기를 듣는 후배의 눈동자는 빛나고 있었다. 소중한 무언가를 깨우친 것처럼 말이다. 이 글을 읽는 당신도 반짝이는 무언가를 올해 꼭 찾을 수 있기를 바라본다.

바쁘다는 말의
재해석

세상은 눈에 보이는 유형의 존재와 볼 수 없는 무형의 존재로 구성되어 있다. 철없던 어린 그 시절에는 아침에 일어나 느끼는 부모님의 사랑, 놀이터에서 목이 터져라 소리치고 놀던 친구들의 우정만이 삶의 전부였다. 하지만 고등학교를 거쳐 대학을 졸업할 무렵, 오히려 보이는 물질적 가치에 더 많은 무게중심을 두게 된다. 어느 대학을 졸업하는지, 그리고 명함에 찍힌 회사의 로고가 자신을 대변하듯이 보이는 가치에 어깨에 힘이 들어가기도 하고, 기가 죽어 마음은 내려앉기도 하였다. 그리고 세월이 흘러 머리에는 흰 눈이 내리고, 작은 글씨가 잘 보이지 않을 시간이 오니, 삶의 무게중심이 다시 철없던 어린 시절로 돌아가는 듯하다.

보이는 것만큼이나 보이지 않는 것 또한 중요하고 오히려 더 가치가 있음을 말이다. 그러고 보면 인간의 삶이란 어릴 적 순수함으로 보고 느끼는 진실이 가장 중요한 진리였다는 것을 알 수 있다.

며칠 전 우연히 도서관에서 본 책, 남들이 부러워하는 미래가 보장된 좋은 대학을 졸업하고도 종교에 귀의한 작가의 진솔한 이야기가 머리에 남는다. 공부한 것은 절대 도둑맞지를 않는다는 말이 있듯이 공부한 것이 어디로 가지는 않지만, 안정적인 수익창출과 든든한 노후보장이라는 세속의 키워드와는 거리가 먼 선택을 한 작가를 볼 때 왠지 모를 경외감까지 느껴진다.

가지고 가져도 끝이 없는 욕심의 울타리, 스트레스로 작은 가슴이 터질지언정 절대 오늘을 내려놓을 수 없는 우리는 과연 어디를 향해 달려가고 있는 것일까? 이에 대한 물음에 작가는 이미 답을 내린듯하다. 보이지 않을 것 같은 삶의 종착역에 미리 가보았을 수도 있고, 그 끝에 웃으며 안을 수 있는 가치와 버려도 좋을법한 기억들을 가려낼 수 있는 혜안을 가지고 있을지 모른다.

나를 만드는 일에 집중하고 타인의 시선에서 멀어지는 일, 나의 숨결과 느낌에 온전히 하루를 바치는 일들은 비단 명상가나 출가한 사람들만의 작은 호사가 아니다. 누구나 할 수 있고 해야만 할 일이지만 쳇바퀴와 같은 삶의 패턴에 눌려 우선순위로 등장조차 못 하는 것이다.

내가 만약 과거의 나로 돌아가 한마디 할 수 있다면, 너무 바쁘게만 살지 말라고 하고 싶다. 아직 미래를 모르는 시기라 많은 시도를 해보고 자신의 결을 찾는 작업은 필요하지만, 시간이 지나면 멈추는 지혜도 가져야 한다. 눈 내리는 오르골의 태엽도 감아놓은 때까지만 움직이듯이 때로는 멈추는 용기도 가져야 한다.

멈추어야 할 때 멈추지 못하고 돌아보지 못한 시간은 어김없이 후회로 찾아올 수 있다. 그것이 무너진 건강일 수도 있고, 소중히 아끼던 인연과의 마지막 페이지가 될 수도 있다. 아침에 내린 차 한 잔에 눈을 감아보고 흘러가는 시간을 온몸으로 오롯이 느껴보자. 마음속에 시냇물이 흐를 수도 있고, 계곡의 폭포와 같이 큰 파동을 느낄 수도 있다. 무엇이 좋고 나쁘고, 옳고 그름을 재단하지 않고 현재의 나를 꼬옥 안아주자. 그리고 그 흐름에서 내 마음을 잃지 않게만 하자. 바쁘다는 망(忙)자는 마음(心)이 죽었다(亡)는 말로 해석된다. 결국, 너무 바쁘다는 말은 마음이 죽었다는 말.

숨을 쉰다고 해서, 밥을 먹는다고 해서 우리는 살아있다고 말할 수 없다. 화학적 물리적 반응만으로 삶을 유지한다고 표현하기 어려운 문제이다. 가슴이 뜨겁고 열정적으로 뛸 때 우리의 마음은 정상적인 트랙 위에서 숨을 쉴 수 있기 때문이다.

과거로 돌아가 나에게 할 수 있는 말이 있다면, 가치 있는 일에 집중하고, 버려도 좋은 일에 마음을 두지 않을 지혜와 끊을 수 있는 용기를 가지라고 나는 말하고 싶다. 그러기 위해서는 마음이 너무 바빠서는 안 된다. 그러한 결정은 마음이 하는 일, 실패하지 않는 인생은 마음을 잘 건사하는 일이다.

아무것도
하지 않아도 된다

"아무것도 하지 마세요. 제발 그 어떤 것도 하지 마세요."

"그냥 가만히 있어도 됩니다. 무엇을 하면 할수록 마음이 복잡해져서 그 실타래를 풀 수가 없어요. 편히 지금은 쉬셔도 됩니다."

일렁이는 마음의 파도가 들려주는 목소리이다. 인스타그램을 비롯한 수많은 SNS를 통해 세상을 바라보면 멋진 삶만 존재하는 듯하다. 나이를 잊은 듯한 외모에, 어디서나 화려한 조명 아래에서 사진을 찍어 올리는 사람들을 보면 딴 나라 사람들이라는 착각이 드는 정도이니 말이다.

나는 지금 어디인가? 잠시 머리가 핑 돈다. 빈혈도 아닌데 머리가 어지러운 이유는, 주먹만 한 뇌 안에서 가동범위를 넘어선 무겁고 많은 스트레스가 맴돌기 때문일 것이다.

"그럼 쉬어도 되나요? 정말인가요? 당신이 책임질 수 있나요?"

또 다른 질문이 앞선 그림자를 밟고 뒤따른다.

세상에 100% 확실한 것은 없다. 아무도 당신을 그리고 우리를 책임질 수는 없다. 하지만 한 가지 확실한 사실은 모든 일은 인력(人力)대로 움직이지만은 않는다는 사실이다.

눈을 감고 나의 질문을 떠올려보라,
최근 일어난 좋았던 일 2가지를 생각해 보라.

그 일을 하고, 그 사람을 만나는 것이 당신의 100% 의지였을까?

아니다.
때가 되어 그를 만났고 일이 된 것이다.
그러기에 오늘 하루를 너무 조바심내고 살지 않아도 좋을법하다.

가만히 있는 성격이 못되어 무엇이라도 해야 직성이 풀린다면,
삽질이라도 해야 마음이 안정되는 성격이라면,
그 또한 당신의 운명이고, 받아들여야 할 몫이다.

하지만 이 글을 읽는 당신이 인생의 후반전에 들어섰다 생각한다면,
오늘 하루 정도는 내려놓고 흘러가는 대로 세월을 바라보는 여유도 필요하다.

오늘은 길을 걷다 따스한 커피 한 잔으로 행복을 충전해도 아름다운 날이니 말이다.

그냥 쉬어도 된다.
그냥 있어도 된다.

잊어보면 알 수 있는
행복

행복은 접혀있다. 보기 좋고 찾기 쉽도록 펼쳐져 있지 않다. 그래서 어떤 작가는 행복은 항상 끼워진 상태라는 표현을 쓰기도 하였다. 행복은 내 마음과 내 마음 사이에, 내 마음과 당신의 마음 사이, 어떤 일과 어떤 일들 사이에 끼워져 있고 접혀있는 상태로 존재한다. 그래서 사람들은 행복을 이미 가지고 있으면서도 눈에 잘 보이지 않아, 보이는 다른 무엇을 계속 찾는 것 같다.

소중한 것을 잃고 나면 접혀있었던 행복을 알 수 있다. 어려움 없이 움직이고, 먹고 싶은 것을 먹을 수 있었음이 행복이었다. 그러나 파랑새를 찾으려 몸을 혹사하고 마음에서 들려오는 소리를 애써 무시한 날들. 그러던 사이, 몸 구석구석 병이 생기고 건강을 잃을 시기가 오면 아프지 않았던 그 날들이 행복했었음을 비로소 알 수 있다.

사람을 잃고 나서야 비로소 함께했던 그 순간들이 얼마나 행복했던 날들임을 알 수 있다. 관계란 유리병과 같아서 항상 소중히 다루고, 말을 가려 해야 했었음을 뒤늦은 후에야 눈물로서 배우는 경우가 많다.

언제까지나 함께 있을 거로 생각했던 사람들이 작은 실수로 멀어지는 경우를 볼 때면 애써 우리는 인연이 다했다고 말하며 에둘러 자신을 스스로 토닥거린다. 물론 사람의 일인지라 인력(人力)으로 안 되는 부분은 반드시 존재한다. 하지만 가슴을 치면서 후회할 정도의 미련이 남는 관계라면 우리는 과연 최선을 다했는가에 대하여 자문하고 싶다.

행운을 상징한다고 해서 허리 숙여 네잎 클로버를 찾는 이들, 일상에서 벗어나 다가올, 신선하고 매력적일 거라는 생각에 누구나 행운을 찾으려 시간을 보낸다. 하지만 정작 지천(至賤)에 있던 세잎 클로버에는 눈길을 주지 않는다. 행복은 언제나 우리 주위에 존재하고 있었다. 행복을 상징하는 세잎 클로버처럼 말이다. 우리 인간들이 하는 가장 큰 실수 중 하나는 로또 같은 행운만 찾다가 소중한 행복을 잃어버리는 것이다.

살면서 행운과 행복 중 무엇을 선택할 것인가? 행운은 연속성이 없다. 그야말로 한번 스치는 운인 것뿐이다. 하지만 행복은 우리가 복을 짓는 순간부터 시작된다. 어떻게 행복을 지을 것인가에 대하여 여러 의견이 분분하겠지만, 의외로 간단하다. 지금 우리 곁에 숨 쉬고 있는 모든 것들을 소중히 대하면 된다. 가지고 있는 것에 감사하면 되는 일이다. 가지지 못한 것에 동경하는 일을 멈추면 마음은 정갈하게 될 수 있다.

모든 일은 욕심에서 시작되는 법. 그 욕심은 소유와 집착이라는 이름이 되어 정작 보아야 할 우리의 눈과 귀를 가리게 된다. 나이가 들면서 우리가 행복해질 수 있는 방법 중 하나는 주위를 살피는 일, 조금 더 천천히 가는 일이다.

요즘 길가를 걷노라면 예쁜 꽃들을 볼 수 있다. 꽃집에 가서 돈을 주고 사지 않아도 얼마든지 아름다움을 느끼고 감탄할 수 있다. 가는 길을 멈추고 주위를 둘러보라, 얼마나 행복을 느낄 수 있는 부분이 많은가, 하늘의 멋진 구름을 보고 걸작이라며 바보처럼 웃을 수 있고, 더운 날씨 버스 안 에어컨이 백화점보다 더 좋다고 느낄 수 있다. 굳이 스위스의 어느 마을로 여행 가지 않아도 주위에서 행복을 느낄 수 있다는 말이다.

행복은 접혀져 있다. 어떻게 접힌 부분을 풀지는 바로 우리에게 달려있다. 오만 원 지폐를 구겨서 버려도 그 가치를 알아보고 행인이 줍듯, 행복 역시 그 가치를 아는 사람에게 다가설 것이다. 내 마음과 내 마음 사이 접혀져 있는 행복, 눈을 감고 생각해보는 시간을 가져보자.

새로움에 집중하기보다, 감사할 부분을 찾아보는 용기가 필요하다. 내 마음과 다른 사람 간의 접혀져 있는 행복도 찾아보자. 모든 것을 안다는 오만함으로 상대에게 자신 있게 다가서지 말자. 아무리 역지사지라 하더라도 이해하기 쉽지 못한 부분은 반드시 존재하기 마련이다. 관계에서 접혀진 행복을 펴기 위해 기다려줄 수 있는 인내와 지혜도 필요한 법이다.

당신이 힘든 이유,
바로 이것 때문이다

만약 지금 힘이 든다면 그 이유는 무엇일까?

가만히 생각해 보면 당신의 마음을 힘들게 하는 대상은 반드시 존재한다. 사람이든, 또 다른 무엇이든 말이다.

힘든 이유, 먼저 결론적으로 말하자면, 그 대상이 내 마음이란 틀에 오지 않았기 때문이다.

"왜 그 무엇이 반드시 당신의 마음 안에서 머물러야 편안하고 느끼는가?"

내가 무엇을 소유하고자 하기 때문이다.

인간은 본능적으로 자신이 아끼거나 좋아하는 대상이 있으면 오랫동안 함께 하고 싶어 한다. 그래서 사랑하는 사람과 결혼하고, 백화점에 진열된 상품을 자신의 집안으로 옮기기도 한다.

하지만, 소유하려는 마음이 크면 클수록 마음은 무거워진다.

결국, 내 마음을 힘들게 하는 것은 나 자신이다.

내 자신을 힘들게 하는 것은 존재(Be)가 아닌 자꾸만 소유(Have)하려는 마음으로 세상을 바라보기 때문이다.

곁에 있다는, 멀리서라도 볼 수 있다는 존재만으로 누군가를, 그 무엇을 사랑할 수 있다면 오늘 힘들 이유는 크지 않을 수 있다.

소유냐 존재냐 그것이 문제로다.

인연을
만들지 마라

나이가 들면 실수를 하지 않을 거라 생각했다. '나이'라는 것이 곧 지혜라고 믿었던 시절이 있었기 때문이리라.

하지만 사람들은 여전히 미숙하고 불완전하다. 머리에 흰눈이 가득 내리면 그 어떤 말도 귀에 거슬리지 않고 어떤 행동도 도에 거슬리지 않을 것 같은데도 말이다.

세상은 자신이 원하는 방향대로만 움직이지 않는다. 예전에도 그랬고, 앞으로도 그럴 수 있다. 걸어가는 길 위에서 세상과 타협하기도 하고, 때로는 포기하기도 한다.

나이가 들면서 실수를 하지 않는 사람이 있다. 바로 인연을 맺지 않는 사람들이다. 어찌보면 무척이나 외롭지 않을까 생각하지만, 그들은 생각보다 가볍게 살고, 행복에 근접한 사람들이다.

마음을 다 주고 진심으로 대하더라도 인연의 고리를 잘 풀지 못하면 아픔이 다가온다. 그것은 당신의 잘못이 아니다. 당신의 실수가 아니다. 인연이 거기까지인 것뿐이다.

때로는 가슴 아픈 일로 새벽까지 잠을 못 이룬 적이 있다면, 인연이 거기까지인 것뿐, 밝아 오는 새벽에 당신의 차가워진 한숨을 보탤 일은 아니었던 것이다.

그렇기 때문에 어쩌면 인연을 만들지 않는 것이 현명한 처사일지 모른다. 쉽게 잊어도 될, 쉽게 잊혀질 인연까지만 내 마음을 주면 되는 일이다.

나이가 들수록 센스가 없어지고 고집이 강해진다는 말을 들어본 적이 있다. 그 말은 어쩌면 자신이 상처받지 않으려 보호색을 입히는 작업일 수 있다. 굳이 생각하지 않아도 되는 센스, 굳이 남의 비위를 맞추지 않아도 되는 편리함이 어쩌면 삶을 편하게 꾸려나가는 그들만의 철학일 수도,

올 것은 오고, 갈 것은 간다.

당신 잘못이 아니다. 당신의 실수가 아니다. 어차피 부서질 인연이었다면, 시작조차 하지 않았음에 오히려 감사하자. 그리고 눈을 감아보자, 흘러가는 시간 속에서 내게 다가오는 인연의 깊이를 때로는 조율해보는 것도 필요할 수 있다.

올 것은 오고, 갈 것은 간다.

떠나는 인연에 대한
바른 애도

인연이란 인력(人力)으로 조절하기 어려운 함수이다. 만나기 힘든 사람을 만나 정을 쌓기도 하고, 모든 것을 내어주어도 아깝지 않은 사람을 이유 같지 않은 이유로 떠나보내야 할 때도 있기 때문이다.

가끔 이러한 인연의 문제에 마음이 길을 잃을 때면, 우리가 할 수 있는 일은 그리 많지 않다. 눈을 감아 떠나는 이와의 좋았던 일을 떠올리며, 그를 조용히 마음속에서 보내는 방법 이외에는 말이다.

사람 간의 관계를 정리하는 입장에서 보면, 갑과 을은 확실히 나누어지는 것 같다. 조금이라도 더 마음 내어준 사람은 이별하는 시간에도 좋았던 기억만으로 그 사람을 남기려 하고, 떠나려는 사람은 싫었던 시간에 마음의 초점을 맞추기 때문이다.

말을 하고서도 누가 갑인지, 을인지 모르겠다. 마음이 더 아픈 사람이 을의 입장에 있는지, 아니면 좋은 추억을 가지고 있기에 갑에 위치에 서 있을지 말이다.

이별하는 사람은 아무런 힘이 없다.
마치 건전지가 다 된 인형의 모습처럼 모든 것이 느릴 뿐이다.

그때 힘을 내는 것은 마음을 더 다치게 하는 일,

그때는 그저 시간이란 물살에 몸과 마음을 맡기는 일이 옳다.

마음이 길을 잃을 때는 그냥 눈을 감고 아무 일도 하지 않아야 한다.

슬플 때는 맘 놓고 슬퍼해야 한다. 그것이 떠나는 인연에 대한 바른 애도이기 때문이다.

외로움의 끝에 다가올 그 찬란함에 우리는 희망이란 이름으로 오늘을 정성스럽게 보내야 한다.

지금 인연의 문이 모두 닫혀야만,
비로소 새로운 문이 열리는 법이다.

힘이 들 때,
나를 지키는 방법

　얼마 전 우리나라 사람들이 가장 많이 쓰는 단어가 무엇인지에 대한 통계자료를 본 적이 있다. 평화나 사랑과 같은 말이 아닐까 생각하였지만, 의외로 '사람'이라는 단어가 1위를 차지하였다. 사람과 사람이 모여 사는 세상에서 어쩌면 당연하지 않을까 하는 생각도 든다. 그리고 '때'라는 말이 2위를 차지하였다.

　저 사람은 어떨까? 나는 과연 어떤 사람일까? 그리고 사람과 사람 간의 인연이란 어떻게 시작되고 마무리될까?

　생각해 보니 사람이라는 말이 참 많이도 쓰인다. 오늘은 어떻게 하면 사람들 간에 좋은 관계로 그리고 서로 발전적인 관계로 오래 유지될 수 있는지, 그리고 인연이라는 때를 어떻게 기다려 보면 좋을지에 대하여 말해보고자 한다.

먼저 자신에게 좋은 사람이 되어라.

우리나라는 예로부터 1차 농경사회를 기반으로 오랜 시간을 보내왔기에, 함께 하는 문화에 익숙해져 왔다. 농번기(農繁期)에 함께 힘을 합쳐 일을 도와주고, 집안 대소사가 있으며 이웃들이 멀리 있는 사촌들보다 살뜰한 마음을 더 보태어 희로애락을 함께 하는 것에 의심의 여지가 없었다. 이렇게 담벼락조차 없는 밀착형 사회구조에 기반을 둔 문화라 그런지 우리는 때로 필요 이상, 남의 의식을 많이 한다.

마음의 초점이 타인에게 있으면 우리는 항상 삶에서 결핍을 느낄 수밖에 없다. 그것이 정서적 결핍이든, 경제적 결핍이든 말이다. 내 마음에 주인이 없다는 말이다. 나이가 들어감에 우리는 타인과 건강한 거리를 두어야 하고, 자신에게 초점을 맞추고 살아야 한다.

그러려면 먼저 자신에게 좋은 사람이 되면 된다. 쉽게 말해 내가 먹고 싶은 것을 먹고, 내가 쉬고 싶을 때 당당히 오늘은 쉬고 싶다는 말을 할 수 있어야 한다. 내 몸이 기업이고 움직이는 회사이며, 삶이란 연극의 주연배우로서 함부로 몸을 쓰지 않아야 하고 마음을 쉽게 나누지 않아야 한다.

타인은 타인일 뿐이다.

사람들은 착각 속에서 살아간다. 내 마음을 주면, 타인도 나의 마음과 같은 온도로 대해 줄 거라는 믿음 말이다. 그래서 잘해주고도 상처를 받는 경우를 많이 본다. 세상에 변하지 않는 것은 아무것도 없다는 진리를 깨닫고, 삶에서 잊지 않는다면 타인에 대하여 그리 많은 비중을 두지 않을 수 있다.

하지만 큐피드의 화살이 인연이라는 이름으로 당신의 눈을 가릴 때, 내가 감내할 수 있는 작은 아픔쯤이라며 사랑으로 극복하려고 한다.

이제는 변해야 할 때가 왔다.

감정이 메마를 수 있을지 몰라도 타인을 내 마음에 너무 오랫동안 담아두려 한다면, 오히려 본연의 마음이 부패되고 변형될 수 있는 문제이다. 그러니 사랑한다고 해서, 내 마음을 다 주었다고 해서 기대하지 마라, 준 것을 잊어버려야 관계는 오래 지속될 수 있다.

만남은 가벼워야 한다.

취중이라도 입 밖으로 내뱉는 말은 천금과 같이 무거워야 한다. 말이 가벼워서는 사람과의 관계가 깊이 가지도 못할뿐더러, 오래 지속되기 어렵다. 좋은 관계의 또 다른 정의는 남들에게 털어놓지 않는 심중의 이야기를 나누는 관계이기 때문이다. 말이란 서로의 믿음을 가늠하는 기준이기에 무거울수록 좋다.

하지만 관계란 그만큼 무거우면 소유라는 이름, 집착이라는 부제(副題)로 기억될 수 있다. 사업적인 관계이면 산뜻하게 비즈니스에 중점을 두고 일 처리하면 된다. 중심이 되는 일에 집중하다 보면 다른 일들은 그리 중요한 부분이 아니 될 수 있다. 하지만 만남과 관계에 집중될 때 주종의 역할이 바뀌어 일조차 제대로 되지 않을 때가 있다. 만남은 가벼워야 부담이 없어지고 사업도 깔끔해지는 법이다.

그럼에도 불구하고 당신의 마음에 사랑이라는 식지 않은 불씨가 아직 타고 있다면, 그래서 당신의 마음이 때로는 지옥으로 변하기도 한다면 어떻게 해야 하는가?

사람 간의 관계란,
인연이란 문제에 있어
시간이 가장 좋은 답이다.

당신의 마음을 버릴 필요는 없다.
사랑을 지울 필요는 없다.

더이상 다가서지 말고 시간에 맡겨두라, 시간이 흐름에 따라 다가올 인연이면 당신 곁으로 말없이 올 것이고, 떠나갈 사람이면 지워야 할 인연인 것이다. 그 시간에 자신에 집중하라, 내가 좋아하는 옷을 사고, 기분 좋을 곳으로 여행을 떠나보다 보면 더욱 가벼운 만남을, 타인을 이해할 수 있는 용기와 힘이 생겨나지 않을까 생각한다.

고통은
어디에서 오나요?

　오랜만에 보자는 친구의 전화에 집을 급히 나선다. 반가운 마음, 미리 도착한 약속장소에는 어느새 어둠이 내리고 있었다. 커피숍 근처에 도착하였다는 전화를 받은 지 한참이 지나도 친구가 보이지 않아 차에 시동을 걸어 이동하기 시작한다. 후진하면서 걸려온 친구의 전화, 순간적으로 룸미러를 보니 후방에 검은색 차가 보여 바로 멈추었다. 혹시나 하고 내려서 살펴보니 아직 부딪치지는 않는듯하다. 그런데 차 안에서 여성 운전자가 나온다. 너무 놀라시지 않았냐고 묻자, 그녀는 대답 대신 차가 부딪쳤다고 말한다. 차를 살펴보아도 상처가 나지 않아 보이는데 보험처리를 해야 한다고 정색을 하신다.

　설마 거짓말을 하시겠냐는 생각과 친구가 기다린다는 조급함에 명함을 드리고, 내일 보험처리를 하시든 아니면 수리비용을 알려달라고 하며 자리를 옮길 수 있었다. 반가운 친구를 만나는 동안에도 한동안 찝찝한 마음을 쉽게 버릴 수가 없었다. 정말 내가 잘못한 것이 맞는지, 친구가 기다리더라도 보험회사나 경찰을 불러서 시시비비를 가리지 못한, 그 순간 더 꼼꼼하지 못했던 어리숙한 내가 미워진다.

운전 경력 30년, 나 역시 다른 운전자가 실수로 접촉사고를 내어도 쉽게 보내드렸기에, 세상이 모두 내 마음 같을 거라는 착각 속에서 그분이 야속하다는 생각이 마음을 순식간에 지옥으로 만들었다.

하지만 돌아온 책상 앞에서 내 마음을 달랠 시간을 가져본다. 부서진 마음을 종이 위에 옮겨본다. 낙서의 끝에 걸린 생각에 답을 찾을 수 있었다.

"그분이 잘못된 것이 아니야. 네가 너무 많은 기대를 하였던 것뿐이야."라고 마음 한 귀퉁이에서 스며 나오는 소리를 들을 수 있었다. 내 경험으로만 보니 그분이 야속하기만 한 것이었다. 대인사고가 아니라 오히려 감사해야 할 일이었다. 앞으로 운전할 때 더 주의하라는 가르침이었다.

고통은 마음에서부터 시작된다. 그리고 그 고통은 어떻게 해석하느냐에 따라 고통의 길이는 달라진다. 긍정적으로 해석을 할 경우, 고통은 순식간에 신의 가르침으로 이해되어 오히려 감사함으로 비칠 수 있고, 그 반대의 경우, 세상에서 제일 재수 없는 멍청한 내가 되어 평생 트라우마로 남겨질 수도 있는 일이다.

지천명의 나이를 걸어감에 한가지씩 마음의 어둠을 지울 수 있
는 방법은 더 많이 가져서가 아니라, 주변의 현상들을 어떻게 해석
하여 내 마음을 가난하지 않게 만드느냐에 있었다. 내 마음이 부자
여야 비록 오늘 먹는 거친 밥이 맛없어도 황제의 밥상이 되고, 내
가 만나는 이가 최고의 동반자들이 되는 것이다. 부처의 눈에는 부
처만 보이듯이 오늘 내 주변이 못마땅하다면 그건 나를 더 돌아보
고 닦아야 한다는 신의 조용한 속삭임일 수 있다.

　이런 마음의 해석이 조금 더 빨랐더라면 오랜만에 본 친구와의
밥상이 더 기름지고, 그와 나누었던 대화가 마음에 조금 더 오래
머무르지 않았을까 생각해 본다. 흘러가는 시간 속에 우리가 해야
할 일은 시간을 잡는 것이 아니라, 어떻게 해석하는가에 방점을 찍
어야 하지 않을까 생각하게 하는 흐린 아침이다.

행복하기 위해서
반드시 해야 하는 일

　누군가 그대에게 삶에서 가장 중요한 것은 무엇이냐고 물어본다면, 무엇이라 답할 것인가? 이 질문에 나는 "오늘 깨어있는 삶을 사는 것"이라 말하고 싶다. 철학이나 불교에서나 나올 법한 뜬금없는 대답이라고 반문할 수도 있다.

　내가 말하는 깨어있는 삶은 그리 거창한 것이 아니다. 우주 삼라만상을 꿰뚫는 지혜를 구하는 것이 아니다. 바로 삶에서 가장 중요한 것이 무엇인지 아는 것이다. 누구나 하루 24시간이라는 선물 같은 시간을 아침마다 받지만 우리는 늘 비슷한 패턴으로 살아가고, 유튜브와 같은 소셜미디어의 이미 정형화된 생각의 프레임에 묻혀, 사고의 자유를 잊은 채, 때로는 무의식적으로 생활하고 있다.

　우리는 하루에도 수많은 선택을 하게 된다. 그 첫 번째 이유는 시간이 유한하다는 것이고, 두 번째는 우리가 집중하고 몰입할 수 있는 에너지도 무한하지 않기 때문이다. 그래서 강조하고픈 것이 바로 무엇이 중요한지 알아야 우리가 선택을 잘 할 수 있고, 원하는 삶을 선택할 수 있다는 것이다.

　행복하기 위해서 무엇을 해야 하느냐는 질문에 대한 답은 실상 어렵다. 하지만 그 반대로 풀어 다시 물어본다면 행복에 대한 답을 쉽게 찾을 수 있다. 즉, 어떻게 하면 스트레스를 덜 받고 마음이 평온한지 말이다. 우리는 하루, 한 달, 일 년을 보내며 자신이 생각하는 가치 있는 일에 시간을 보내려고 한다. 가치 있다고 생각하는 그 일의 시작이 바로 성장의 씨앗이며, 그 성장은 행복이라 정의 내릴 수 있는 중요한 요소 중 하나이기 때문이다.

　다시 말해, 행복할 수 있는 비결 하나는, 무엇을 해야 가치가 있느냐는 질문과 같은 것이다. 사랑하는 사람과 눈을 마주치는 시간이 가장 가치 있을 수 있고, 서점에서 책을 찾는 시간이 될 수도 있으며, 어려운 친구를 도와주는 시간이 될 수도 있다.

　이런 쉬운 일이지만 때로는 우리는 중요한 것을 잊고 산다. 아니 외면하고 살고 있을지 모른다. 늘 획일화된 패턴 속에서 어디로 흘러가는지 모른 채, 하루를 보내기도 한다. 눈을 감고 내게 가장 중요한 것이 무엇인지 한번 생각해 보자. 지난 한 달 동안 나는 가치 있다고 믿는 그 일을 얼마나 했는지 그리고 그 일을 못 하게 된 이유는 무엇인지 말이다.

어제를 제대로 돌아보지 않는 사람은, 오늘도 어제와 같은 삶을 살 수밖에 없다.

어려운 철학 전공 서적이나 현대 심리학 개론을 공부할 필요까지는 없다. 오늘을 제대로 살기 위해, 내가 무엇을 하면 보다 가치 있는 일을 선택할 수 있을지 우리는 반드시 깨어있어야 한다.

그렇지 않으면 타인들이 하는 생각이라는 파도에 휩쓸려 자신을 잃을지 모르는 일이다.

하늘을 감동시키면,
모든 일은 해결된다

현대인들이 가장 많이 하는 생각은 무엇일까? 어떻게 돈을 벌지, 어떻게 인간관계를 잘할지, 혹은 건강관리를 어떻게 해야 할지, 영어로 보면 '어떻게(How)'라는 말로 대변될지 모를 일이다.

세상 살면서 각자 나름의 인생 철학이 있을 것이다. 희로애락을 거치면서 자신의 경험치에 기초한 지론들로 우리는 살고 있다. 성공에 대한 경험이 많은 사람은 남들보다 어떻게 하면 다시 쉽게 일어설 수 있는지 지난 경험을 통해 알 것이고, 다이어트에 성공했던 경험이 있는 사람은 비록 살찌더라도 어떻게 하면 또 살을 뺄수 있을지 알 것이다.

즉 '어떻게'라는 말의 답을 아는 것이다. 하지만 정작 필요한 경험이 결핍된 사건 앞에서 우리는 길을 잃고 끊임없이 질문을 반복하곤 한다. 어떻게 해야 하느냐고 말이다.

세상 사람들이 가장 많이 하는 생각 'How', 이 질문에 답하기 전에 나는 나를 잘 이해하고 있는지 묻고 싶다. 자신의 현실을 알아야만 그 방법론이 효과적으로 적용될 수 있기 때문이다. 현실과 기대의 괴리가 클수록 우리는 방법론을 구하기도 전에 좌절을 맛볼 수도 있다.

먼저 자신을 알아야 한다고 말하면, 혹자는 인터넷을 검색하거나 통계를 보며 잘 사는 것의 기준을 세워 자신을 바라볼 수 있을 것이며, 또 어떤 이는 주위 사람들의 평판으로 본인의 인간관계를 가늠하기도 할 것이다. 세상에 절대적 기준이 없다는 사실은 이미 알고 있다. 백 억대 자산가도 천 억대 자산가를 부러워할 것이고, 박사학위를 가진 사람 역시도 배움에 부족하다는 것을 여실히 느끼며 살아갈 수 있기 때문이다.

서론이 길었던 것 같다. 세상을 잘 사는 법, 즉 어떻게 해야 하느냐에 대한 나의 지론은 다음과 같다. 누구의 평판도, 세상의 잣대도 필요 없는 일, 바로 하늘을 감동시키면 되는 일이다. 뜬금없이 무슨 하늘이냐고 묻는 이도 분명 있겠지만 지천명의 세월을 지나면서 알게 된 진리이자 나의 철학이다.

사람을 속일 수 있고, 자신도 속일 수도 있다. 말로는 타인을 위한다고 하지만 결국은 자신을 위하는 일이 많았고, 열심히 하루를 보냈다고 스스로 토닥이지만, 가만히 생각해보면 급한 일들만 처리하고 정작 중요한 일들은 미룬 적이 없지 않아 있었을 것이다.

윤동주의 시처럼 하늘을 우러러 한 점 부끄럼 없이 살기를 바라지는 않는다. 하지만, 정말 무언가를 이루고자 한다면 남들의 눈치 따위는 신경 쓸 필요가 없는 일이다.

예를 들어 건강이 좋지 않아 운동을 반드시 해야 한다는 이야기를 의사에게서 들었다고 가정해보자. 좋은 시설의 헬스장이나 멋진 운동복이 필요하지 않다. 그 모든 것이 사치일 뿐이다. 새벽이라도 일어나 집 근처 공원을 걷고, 수십 년 된 녹슨 철봉 아래에서 아침을 맞이하게 될 것이다. 이뿐이 아니다. 정말 성공하고자 하는 이는 일 자체에 몰입된다. 어떻게 하면 이룰 수 있을까에 대한 장고의 고민 끝에 내린 결론으로, 그 시작부터 일과 일심동체(一心同體)가 되기도 한다. 식사하기 위해 이동하는 시간도 아깝고, 사회 교류라면서 저녁마다 만나는 술자리가 의미 없게 느껴질 때가 있을 것이다. 그 깨달음의 순간이 바로 우리가 진정 인생에서 전력 질주하는 구간이며, 하늘을 감동시킬 수 있는 시간의 시작인 것이다.

내가 좋아하는 말, 하늘은 스스로 돕는 자를 돕는다는 말이 있다. 아주 어릴 적부터 들었던 말이라 쉽게 지나칠 수 있을지 몰라도 가만히 생각하여 보면 이보다 더 진리의 말도 없다. 세상 모든 종교와 철학을 뛰어넘어, 모든 인간은 하늘 아래에서 살고 있다. 그리고 그 하늘이 우리를 당신을 보고 있다고 생각하자. 과연 누구의 핑계를 댈 수 있을까?

말하지 않아도 모두 보고 있을, 생각마저도 읽고 있을 하늘에게 감히 거짓말을 할 수 있는 사람은 없을 것이다.

우리 인간은 영리하고 똑똑하다. 하지만 현명한 사람은 그리 많지 않다. 날로 발전되는 과학 문명 아래에서 조금 더 빠르게, 조금 더 편하게 살아갈 방법을 찾기에 급급한 오늘이다. 비록 조금 늦더라도 오늘 최선을 다하며 보내는 하루라는 점, 그리고 내일 찍어갈 점들이 꾸준히 모여지면 하늘은 비로소 그 점들을 이을 수 있는 선을 선물할 것이다. 그 선들이 모여 당신이 그토록 그리던 멋진 장면을 이루게 도와줄 것이다.

그러니 너무 조바심내지도 말고, 너무 많은 걱정과 계획으로 오늘을 보내지 않기를 바란다. 가만히 눈을 감아보자. 우리는 자꾸 방법론에만 치중하고 살고 있지는 않은지, 정말 어떻게 그 일을 정성스럽게 이룰지에 대하여 생각해보는 하루가 되어보면 어떨지 묻고 싶다.

집착에서 벗어나면,
세상은 달리 보인다

고집멸도(苦集滅道)라는 말이 있다. 고통의 시작은 집착이고, 그 집착을 멸하면 마음의 길을 찾을 수 있다고 나는 해석한다. 물론 불교에서 말하는 사성제(四聖諦) 역시 이와 크게 다르지 않다. 불현듯 이 말을 하는 이유는 생로병사의 과정을 지켜보며 깨닫게 된 나의 지론이기 때문이다. 그러한 이유로 고집멸도를 잘 이해할 수만 있다면, 마음을 스스로 지옥으로 만드는 일은 어느 정도 줄일 수 있을 것이다.

생로병사(生老病死)

세상에 태어난 모든 인간은 이 네 가지 원칙을 벗어나지 못한다. 출산의 순간 이후, 누구나 죽음을 향해 달려간다. 즉, 불로장생할 수 없기에 태어남이란 언젠가 하늘로 다시 돌아감을 뜻한다. 그러기에 태어남도 죽음도 그리 기뻐할 일도 슬퍼할 일도 아닌 일로 풀이된다. 그런데 생(生)과 사(死)라는 글자 사이로 노(老)와 병(病)이 보인다. 늙고 병든다는 것 역시 학력과 재력과 같은 인력으로 조절

될 문제가 아니라는 말이다.

　우리 인간은 생로병사의 과정을 순환하면서 살아가고 있다. 하지만 건강할 때는 잊고 지내다가, 나이가 들고 몸에서 이상 신호가 감지될 때 스트레스와 심적 고통 속에서 오랜 시간을 보낸다. 생로병사의 화두 앞에서 우리가 초연히 하루를 맞이하고 오늘을 잘 살아가는 방법은 무엇일까?

　바로 앞서 말한 고집멸도에 답이 있다.
　세상 무슨 일에도 집착하지 않아야 한다. 건강이든 사람이든, 재물이든 말이다.

　건강: 하루 세끼, 잘 챙겨 먹고 열심히 운동하는 사람도 아플 수 있다. 심지어 의사도 암에 걸린다. 물론 몸을 귀하게 여기지 않는 사람이 아플 확률이 더 높기는 하다. 몸에 병이 걸리면 빠른 대처가 필요하다. 검사를 받고 필요하다면 수술을 받아야 한다. 하지만 더 중요한 것은 마음마저 병에 걸려서는 안 되는 문제이다.

　결과에만 너무 초점을 맞추지 말고, 현실을 담담히 받아들이고 그 시간을 잘 이겨낼 수 있도록 마음을 단단히 붙들어야 한다. 몸이 넘어진다고 마음도 같이 넘어지면 일어나기 어렵다. 생과 사는 모두 하늘의 뜻이기에, 너무 걱정하고 안타까워하지 않아도 된다. 다 잘 해결될 거라는 믿음을 갖는 것이 오히려 현명한 처세이다.

사람: 생로병사를 제외한다면, 우리 인간사가 힘든 이유는 어쩜 인간관계 때문이 아닐까? 내 마음 같던 사람도 시간이 지나면 조금씩 멀어지는 것이 세상의 이치이다. 영원한 것은 존재하지 않는다는 진리, 알고는 있지만, 막상 변해가는 사람들 사이, 스트레스의 중심에 서 있을 때면 책상머리 이론으로만 해석될 뿐이다.

하지만 사람에 대한 집착은 상대에 대한 나의 마음, 사랑 때문만이 아닐 수 있다. 단지 내 마음 안에서 떠나려는 상대를 잡지 못한 아쉬움으로 스스로 힘들기 때문이다. 집착하면 할수록 새로운 인연이 오는 시간만 늦출 뿐이다. 멀어져가는 인연과 관계를 덤덤히 바라보는 여유와 용기가 필요하다.

재물: 아무리 재산이 많은 부자라도 이승에서 머리카락 하나라도 가져갈 수 없다. 그러기에 물욕이 과하면 몸과 마음이 무너짐을 늘 기억해야 한다. 지금까지 여러 나라를 다녀보아도 우리나라처럼 미래에 대한 준비를 많이 하는 민족은 없었다.

내일을 위해, 내년을 위해 모으고 또 모은다. 저축이 잘못된 것은 아니다. 남들의 시선을 의식하지 않고, 안분지족할 정도로 생활 수위를 맞춘다면 우리 삶은 더욱더 행복할 수 있다. 재물에 집착하다 보면 누려야 할 오늘의 행복이 보이지 않는다.

무언가에 집착하지 않을 수 있다면 누구나 더 행복할 수 있다는 것이 나의 지론이다. 인간이 집착하는 이유, 소유욕에서 시작한다. 내가 좋아하는 것을 온전히 내 것으로 여기고 오랫동안, 아니 정확히 말해서 내가 바라는 만큼만 가지길 원하는 마음.

인간은 이기적인 존재이다. 교육과 사회생활을 통해 조절되고 있지만, 내가 좋아하는 것을 더 곁에 두고 싶고, 싫어하는 것을 멀리 두고 싶은 것이 인지상정(人之常情)이다. 그렇기에 자신을 나무랄 필요도 없는 일이다. 다만 어떤 일에 대하여 너무 마음을 쓰다 보면 해야 할 일보다 걱정의 부피가 커질 때가 있을 것이다. 그 부피가 바로 집착이다. 집착은 마음의 병을 가져온다.

이 글을 읽으면서도 마음이 흩어지고 글이 눈에 들어오지 않는 당신이라면, 무언가에 그 어떤 일 때문에 마음이 무겁기 때문이다. 그 일에서 벗어나고 싶다면, 마음이 가벼워지는 비결을 찾고 싶다면 이것만 기억하면 된다.

어차피 일어날 일은 일어난다.

집착에서 벗어나면 세상은 달리 보일 것이다. 회색빛으로만 보이던 세상이 파스텔 수채화로 보일 수도 있다. 너무 마음을 한곳에 쓰다 보면 오히려 고민이 더 커지고 걱정도 늘어난다. 집착에서 벗어날 수 있는 비결은 담대하게 마음을 먹는 일이다.

갈 사람은 가고, 남을 사람은 남는다. 지금 일어나는 그 어떤 일도 당신의 잘못이 아니다. 그리고 더 이상 당신이 할 수 있는 일도 없다. 그러니 잠시 쉬어도 좋다.

자신에게
보상하라

"어휴 말도 마세요, 너무 힘들어요."

힘들어진 세상 속에서 요즘 자주 듣는 말이다. 각자의 고민과 고통 속에서 삶을 잇는 사람들을 볼 때면 정말 인생사가 여러 모습을 가진다는 것을 알 수 있다. 그들의 이야기를 들을 때면 삶의 기준점들이 다시금 자연스럽게 내려온다는 생각에 더욱 오늘 하루를 겸손하게 살게 되지만, 내 마음속에 남겨지는 힘든 잔상은 한동안 머물게 된다.

몸이 아파 삶의 의미를 찾지 못하는 사람, 경제적으로 힘들어 밤잠을 못 자는 사람, 인간관계 문제로 시린 가슴을 움켜쥐고 사는 사람, 하나같이 힘들다는 생각의 끈을 놓지 못하고 있는 이들이다. 그들에게 끊임없는 응원과 격려를 해주려 노력하지만, 나 역시 사람인지라 에너지 충전이 때로는 필요하다.

쉼이란 단어에 대하여 생각해 본 적이 있는가? 막연히 눈을 감고 음악을 듣는 것 정도로 생각하기도 한다. 때로는 친구와 영화를 보기도 하고, 여행을 가는 것을 쉰다는 표현으로 대체하기도 하지만, 정말 쉰다는 의미는 어떤 의미일까? 어쩌면 그들도 나도 쉼이 필요한 시기가 아닌지 생각해 본다.

사람이 다쳐 몸의 한 부위가 부러진다면 우리는 한동안 물리적으로 쉼을 선택할 수밖에 없다. 4주 정도는 부목을 하고, 잘 먹고 휴식을 취하라는 말을 듣는다. 그럴 때면 아픈 사람 역시 다른 생각을 하지 않고 최선을 다해 몸을 치료한다. 주위에서는 꽃바구니와 격려 문자를 보내기도 한다. 넘어진 김에 쉬어간다고 편히 생각하고 재충전하라고 말이다.

하지만 우리의 마음이 다쳤을 때는 어떠한가? 돈 때문에, 사람 때문에 다친 마음은 쉽게 겉으로 보이지 않는다. 그래서 성인이라는 이름의 우리는 애써 괜찮은 척하며 저녁 무렵 조용한 선술집에 들러 소주 한 잔을 하는 것이 전부이다. 그렇지만 사람의 마음이 다친 경우에도 비슷한 정도의 충격이 우리에게 미치는 연구결과가 있다. 즉 마음을 다친 경우에도 어느 정도의 물리적인 휴식의 시간을 주어야 한다는 의미이다.

잘 먹고, 잘 쉬고, 자신에게 좋은 것들을 많이 주어야 하는 시기이다. 이러한 보상이 적절히 이루어지지 못할 때 몸에서는 겉으로 표현된다. 피부가 거칠어지고, 눈 밑에는 다크서클이 생긴다. 소화는 잘되지 않고, 밤에 쉽게 잠들지 못한다. 행복, 웰빙을 연구하는 학자 중, 많은 이들이 보상이라는 단어를 강조하고 있다. 얼마나 자신에게 보상하고 사는가에 따라 자신의 행복, 웰빙 지수가 올라간다는 것이다.

나는 이렇게 말하고 싶다. 자신 수입의 10%는 반드시 자신을 위해 사용하라고 말이다. "아이들 학원비도 빠듯해요.", "치료비도 벅찬데 무슨 사치에요."라고 말할 수 있다. 그러나 같은 종류의 스트레스를 매일 받는다면, 다시 원상태로 돌아올 회복 탄력성은 확연히 줄어들 수밖에 없다. 때로는 자신을 위해 숨 쉴 공간을 마련하는 것이 바로 탄력을 높이는 비결이다. 지금 쉬지 않으면, 과도한 긴장으로 마음의 끈은 터져버릴지 모를 일이다.

사람의 몸과 마음은 연결되어 있다. 몸이 아프면 마음도 아프고, 마음이 아프면 몸도 아파진다. 그렇기 때문에 마음의 상처를 절대 소홀히 하면 안 되는 일이다. 지난주, 지난달 혹여 마음의 상처가 아직 남아있다면 오늘은 자신에게 보상하는 시간을 가져보길 바란다. 진정으로 내가 좋아하는 그것이면 족하다. 남들의 눈치 따위는 필요 없는 일인 것이다.

스탠포드 대학의 행복공식,
B-PERMA-H

행복이란 극히 주관적인 개념이라 완벽한 진리를 위한 레시피를 찾기란 쉽지 않은 일이다. 그렇지만 개인의 경험에 기인한 감정, 주관적인 부분에 치우치지 않고, 객관적이며 통계적으로 나온 자료들로 우리는 어느 정도 행복의 정의를 내리고, 그것을 키워나가는 방법을 연구하고 고민할 수도 있다.

미국 펜실베이니아 대학의 마틴 셀리그만 교수의 긍정심리학에서 행복의 열쇠, 그 힌트를 찾을 수 있다. 여기에서 나오는 5가지 요소들과 내가 수료했던 스탠포드 대학에서의 2가지 요소 더한 총 7가지의 요소를 오늘 설명하고자 한다. 한번 들어보고 공감 가는 부분이 있는지, 그리고 혹여 자신에게 필요한 부분은 무엇인지 생각해 보는 시간을 가져보길 권한다.

마틴 교수는 행복을 위한 5가지 요소로 PERMA를 말했다. Positive Emotion 긍정적인 감정, Engagement 몰입, Relationship 관계, Meaning 의미, Achievement 성취감 이렇게 영어 단어의 앞글자를 따서 만든 말이다.

Positive emotion 어떤 마음으로 보느냐에 따라 세상은 밝게 보이기도 하고, 우울하기도 하다. 즉, 세상 그 자체가 우울한 것은 아니라는 말이다. 그러므로 행복하려면 세상을 보다 긍정적으로 바라보는 연습을 해야 한다. 근육도 계속 사용하는 부위가 더 발달하듯이 감정 역시 매일 어떻게 생각하느냐에 따라 하루가, 일 년이, 평생이 다르게 변한다.

고민, 자꾸 하면 걱정만 더 늘어난다. 걱정이란 감정은 우리 몸에도 많은 나쁜 영향을 일으켜서 결국 몸과 마음 모두 상처 나게 만든다. 그러므로 긍정적인 감정을 유지하는 것은 매우 중요한 일이다. '당신의 방안에 아무나 들이지 마라'라는 책 제목처럼 긍정적인 사고에 악영향을 미칠 수 있는 요소를 미리 막아내는 것도 중요한 일이다.

Engagement 어떤 일을 할 때 완전히 몰입된 경험, 누구나 한두 번 정도는 있을 것이다. 좋아하는 사람을 만날 때 시간이 빨리 지나가고, 가보고 싶었던 곳을 갈 때 우리는 평소 가지고 있던 고민에서 벗어나는 해방감을 느낄 수 있다. 사람은 살면서 누구나 시련을 겪으며 살고 있다. 폭풍우가 내리는 길 한가운데에서 언제까지나 울면서 누가 도와주기만 기다릴 수는 없는 일이다. 그러기에 우리는 한 발 한 발 앞으로 나가려 노력한다. 삶이란 힘든 마라톤에서 우리가 행복해지는 방법 중 하나로 몰입하는 시간을 자주 가지도록 의도적으로 노력하는 것을 권하고 싶다. 반드시 사람을 만나거나 여행을 갈 필요까지 없다. 소설을 보거나 작은 화초를 키우면서도 얼마든지 몰입의 경험을 할 수 있을 것이다.

Relationship 사람은 사회라는 섬에 살고 있다. 혼자 무인도에 살고 있지 않다는 의미이다. 즉 다른 이들과의 소통, 교류를 통해 기쁨을 얻고 삶의 희망을 얻는다. 하지만 관계가 나쁘면 불행이 다가온다. 그러므로 좋은 관계를 많이 유지할수록 우리의 행복 지수는 더 높아지는 법이다. 여기에서 내가 강조하고 싶은 부분 한 가지가 있다. 인간관계 정리론, 즉 주기적으로 쓰레기통만 정리할 것이 아니라, 불필요한 인간관계를 정리하는 것 역시 삶을 단순하고 탄력적으로 살 수 있는 행복공식이다.

Meaning 삶의 의미가 없는 사람들은 마치 시든 장미와 같다. 보기에는 젊고 건강해 보일지 모르나 의미를 찾지 못하는 사람들에게서는 사람의 향기를 맡기 어렵다. 그들은 무엇을 하더라도 재미없고, 의욕적이지 못하다. 하지만 삶의 의미가 있는 이들은 반대의 모습을 가진다.

비록 나이가 많아 피부가 늘어지고 주머니에 몇 장의 지폐뿐이라 할지라도, 자신이 하는 일에 의미를 아는 이들의 눈빛은 빛난다. 남을 도와주는 사회복지사분들이나 자원봉사자분들과 이야기 나누다 보면 쉽게 느낄 수 있을 것이다. 내가 오늘 행복할 수 있는 이유는 다른 이의 행복에 기여할 수 있다는 작은 소신, 그것이 행복의 씨앗이기도 하기 때문이다.

Achievement 우리 한국 사람들에게서 행복의 조건을 말하라고 하면 아마 이 단어를 떠올리기 쉬울 것 같다. 성과지향 주의에 익숙해진 우리는 어떤 일을 완수하였을 때 칭찬하며 행복하다고 말한다. 이는 결과론적 관점에서 보았을 때이다. 어떤 힘든 일을 오랜 시간 끝에 해내었을 때의 기쁨은 이루 말할 수 없다.

하지만 스탠포드 리처드 교수는 성취라는 것이 꼭 에베레스트에 오르거나, 7성급 호텔에서 음식을 먹을 때가 아니라, 내가 제일 좋아하는 여자친구와 결혼하고, 그 결혼 생활을 유지하는 생활이 바로 하루하루를 행복으로 만들어주는 것이라 말했다. 다시 말해 12월 크리스마스 1주일 뉴욕 여행을 위해 360일을 희생하기만 한다면 과연 우리는 그것을 행복이라 말할 수 있겠는가?

스탠포드 대학. 기존 5가지 요소(PERMA)에 아래 두 가지 요소를 추가하여 행복해지는 법을 설명하고 있다.

Belong 소속감은 위에서 언급한 관계성과 비슷하다고 생각할 수 있다. 하지만 가만히 들여다보면 차이점을 곧 알 수 있다. 소속감을 다른 식으로 표현한다면 소유감, 안정감이라 표현한다. 보통 인간들은 자신이 좋아하는 사람, 집단에 속하고 싶어 한다.

내가 그들과의 관계가 안정되었다고 느낄 때 그것이 가족이란 이름이든, 연인이란 이름이든 좋아하는 어떤 그룹에 속할 때 우리의 감정은 안정되고 행복감을 가질 수 있다. 그러한 이유로 당신의 삶의 흐름과 맞는 작은 커뮤니티에 가입하고 그 안에서 소속감을 느껴보길 권해본다. 행복 주파수가 더 커질 것이다.

Health 스탠포드에서 마지막으로 추가한 요소인 건강, 사람의 몸과 마음은 연결되어 있다. 그것도 아주 밀접하게 말이다. 하지만 지금까지 정신건강, 심리학에서는 이 두 가지를 따로 구분하기도 하였다. 누군가 행복해지고 싶다면, 웰빙 지수를 어제보다 더 높이고 싶다면 먼저 집 밖으로 나가라고 나는 말한다. 마음이 힘들 때 우리는 집 안에 있기를 원하겠지만, 마음이 어지럽다면 집 밖으로 나가 사람들을 만나 운동도 하고, 건전한 이야기도 하길 권한다. 정말 아무것도 하기 싫다면 그냥 무작정 걷는 것도 한 가지 방법이다. 북극 에스키모들은 고민이 있을 때, 밖으로 나가서 어두워질 때까지 고민이 줄어들 때까지 걷다가 들어온다고 한다. 행복하고 싶다면 먼저 기본 체력 만드는 것을 무시하지 않았으면 한다.

지금까지 행복에 대한 여러 이론을 설명하였다. 이 모든 귀한 정보들이 진리라고 할지라도 내가 가장 강조하고 싶은 것이 있다. 바로 아는 것을 실행하는 힘이다. 지식이 많아도 행하지 않으면 그 지식은 잊혀지게 되고, 힘을 잃게 된다.

행복을 향한 지속 가능한 삶의 여행을 하려면 우리는 끊임없이 배우고, 배운 것을 직접 생활에 이을 수 있는 지혜와 용기가 필요하다.

유쾌한 사람을
만나라

흔히들 정이란 이름으로 때론 의리라는 이름으로 억지 인연을 이어나가는 경우가 있다. 언젠가 예전처럼 좋아질 거라는 헛된 믿음으로 수년간 마음고생을 하는 이가 있다면 이제는 보내 주어야 하는 작은 용기가 필요할 때이다.

사람은 크게 바뀌지 않는다. 초등학교 앞 문구점, 용수철처럼 인간은 어느 시기가 지나면 자기가 편한 상태로 다시 돌아가는 성향이 있다. 처음 누군가에게 잘 보이고 싶어, 그의 마음 안으로 들어가고 싶어 본래의 모습이 아닌 다른 가면으로 시간을 보낼 수 있다.

하지만 시간이 지나 초심의 온도가 내려갈 때 우리는 "변했다"라는 말을 사용하게 된다.

사람으로 힘들어질 때 적당한 그리고 건강한 거리 유지가 필요하다. 너무 가까워 미처 볼 수 없었던 여러 부분을 통찰할 수 있는 시간을 만들어야 한다. 그럼에도 불구하고 여전히 돌아오지 않을 인연이라면 과감하게 이별하는 용기가 필요하다.

바로 당신을 위해 말이다.

이별 후 당신이 만나는 새로운 인연은 반드시 유쾌한 사람이면 좋겠다.

당신을 웃게 해줄 그런 새로운 좋은 인연 말이다.
서로의 눈빛으로 삶이 충전되는 사람이면 좋겠다. 무엇을 해야 좋아할 그런 조건부적인 만남은 부담으로 남는다. 아무것도 하지 않아도 서로의 삶의 온도를 맞추려는 그런 사람을 만나야 한다.

이런 인연 역시, 시간의 흐름에 또 다른 모습으로 비칠 때가 있을 수 있다. 그래서 적당한 거리, 건강한 거리 유지는 필요하다. 세상 현명한 인간관계란 절대법칙처럼 존재하지 않지만, 나의 지천명 지론은 이러하다.

조건 없이 아껴주고, 유쾌한 만남을 이어나가는 그런 사람과 함께, 너무 뜨겁지도 너무 차갑지도 않는 관계를 이어나가면 삶의 신선도는 유지되지 않을까?

그럼에도 불구하고 인간의 본능, 소유와 집착으로 관계가 오염되지 않을까 또 다른 물음에 빠지는 아침이다.

행복의 시작은
알아차림이다

마음이 행복할 때란 모든 일이 편안할 때이다. 하는 일이 잘 풀릴 때, 몸에 아픈 곳이 없을 때, 부모와 자식이 건강할 때이다. 이러한 기본적인 바탕이 서면 우리는 조금씩 욕심을 가지기 시작한다. 인간관계를 표방한 사람들 사이의 갈등으로, 때로는 스스로를 힘들게 하기도 한다. 강의 때 자주 하는 말이기도 하지만, 누가 나를 좋아해 주고 존중해 줄 때 우리는 행복감을 느낀다. 반대로 무시되거나 나의 존재가 중요하다고 느껴지지 않을 때, 차가운 한숨을 내쉬기도 한다.

인간관계의 중심, 사람의 감정, 즉 마음이라는 것은 변하기 마련이다.

어제까지 좋았던 마음이 어떤 일을 통해 마음의 온도가 내려가기도 하고, 때로는 기대하지 않은 일로 이별을 하기도 한다.

행복을 유지하려면, 변한 마음에 안타까워하고 슬퍼할 것이 못된다.

마음이란 본디 하늘의 구름처럼 무색, 무취, 무형의 존재이기에 변하는 것이 당연하다.

변하는 마음에 무게중심을 두면 내 마음은 지옥이 된다.
하지만 변하는 것을 바라보고. 그 마음에 변하는 나를 알아차리면 고통에서 벗어날 수 있다.

"아, 그렇구나! 그래서 내 마음이 이런 거구나"

마음은 구름과 같은 것,
매 순간 깨어있는 것이 참 어려운 일이지만, 정말 힘들 때 나의 마음을 오롯이 볼 수 있는 여유만 가질 수 있다면 우리는 평온해질 수 있다.

어느 영화에서 본 대목이다. "네가 큰일이라고 느끼고 행동한다면, 다른 사람도 큰일이라고 여길거야. 하지만 네가 별일 아니라고 생각하면 남들도 별일 아니라고 생각할 거야"

내가 큰일이라고 여기고, 작은 일이라고 여기는 경계선에는 바로 '알아차림'이라는 무게중심이 있다. 쳇바퀴와 같은 패턴, 삶이라는 나의 우주에 내가 어디에 서 있는지 알아차리는 것이 바로 행복의 시작이자 마지막일 것이다.

내가 가진 것에 만족하는 것, 의미 없는 욕심을 가지지 않는 것, 이렇게 이야기하는 모든 철학의 중심에는 바로 알아차림이 있었다.

내가 가진 것이 무엇인지, 의미 없는 욕심이 무엇인지의 정의를 바로 내릴 수 있는 능력이 바로 '알아차림'인 것이다. 오늘 비가 촉촉이 내리고 있다. 하던 일을 멈추고 조용한 찻집에서 이 글을 다시금 읽으며 눈을 감아보는 시간을 가져보길 권해본다.

일근천하 무난사
(一勤天下無難事)

당신은 살면서 외롭다고 느껴본 적이 있는가? 관계 속에서 느끼는, 나와 다르다는 이질감으로 갑작스럽게 조직이나 사람에서 멀어져갈 때 인간은 외롭다는 생각을 한다. 하지만 외로움의 또 다른 해석, 진심을 다한 관계 속에서도 느끼는 이런 감정은 우리를 새롭게 만들기도 한다.

며칠 전 상담을 요청한 내담자의 이야기, 열정을 바쳐 일한 회사에서 갑작스러운 해고통지를 받았다. 회사에서는 이미 수차례 이야기를 했다고 하지만 자신의 이야기인 줄 몰랐다고 하며 청천벽력과 같은 소식에 나를 찾았다. 편두통이 심해져서 이제는 우울증에 저녁이면 늘 술을 찾는다는 그를 보았다.

눈동자는 주인 잃은 어린 양처럼 초점을 잃었고, 나무처럼 메마른 얼굴에서는 자조 섞인 미소만 보일 뿐이었다. 그는 누가 보더라도 삶의 패배자인 것처럼 생활하고 있었다.

사실 그가 잃은 것은 직장뿐만이 아니었다. 삶의 울타리가 없어진 것이다. 그동안 익숙했던 문화와 관계 속에서 갑자기 이탈된 오늘이 그에게는 지옥인 것이다. 새로운 직장을 찾을 수 있지만 그러한 힘이 그에게는 없었다.

직장에서의 이별이든, 사랑하는 사람과의 작별이든, 익숙한 것과의 멀어짐이란 우리 인간을 힘들게 한다. 마음속에서 휘몰아치는 태풍, 노란색 우산을 든 어린 자아의 힘만으로 서 있는 것은 어렵다. 그러는 사이, 우리는 성숙의 시간을 거쳐 비로소 성장하기도 하지만 말이다.

하지만, 장맛비가 언제 그칠지 모르는 시간들 속에서 너는 이것을 이겨내야만 한다는 마음으로 어린 자아를 어두운 밤, 등대 옆에 홀로 세워두지 않았으면 한다. 때로는 빗소리보다 더 큰 울음으로 그와 함께 우는 시간도 나쁘지 않다.

세상에서 모든 일은 시절 인연이라는 것이 있다. 때가 되어야만 그릇도 깨지고, 생각지도 못한 인연도 이루어진다는 것이다. 직장이라는 울타리에서, 사랑이라는 여행에서 갑자기 내려야만 할 때, 그곳이 종착역이 아님을 알아야 한다. 갈아타는 교차로에 선 우리는 새로운 마음을 가져야 한다. 새 그릇에 새 물을 담듯이, 그런 담담한 자세로 떠오르는 태양을 바라보아야 한다.

일근천하 무난사(一勤天下無難事)

　모든 작은 일에 정성을 다할 때 하늘은 절대 풀지 못하는 숙제를 주지 않는다. 오늘 시련의 고통이 내일의 영광이 될 자양분임을 잊지 않아야 한다. 내 진심을 알 그런 직장과 사랑은 반드시 다시 찾아올 것이다.

　나를 찾은 그에게 말하고 싶은 말이 있다.

　　　"마지막 선택지를 고를 시간이 왔어요.
　　　지금 이대로 슬픔으로 내일을 맞을 것인지,
　　　아니면 보란 듯이 달라진 얼굴로
　　　지난 인연들에게 미소를 지을
　　　승자로 살 것인지 말이에요.
　　　한번 깨어진 그릇은 다시 붙일 수 없어요.
　　　사랑만으로 해결할 수 없는 일이
　　　세상에는 너무나 많답니다.
　　　그러니 이제 사라진 울타리만 보지 말고,
　　　당신의 울타리를 스스로 만들어 볼 시간이
　　　온 거랍니다."

당신의 파랑새는
무슨 색인가요?

요즘 뉴스를 보면 마치, 연일 갱신되는 올림픽 기록을 보는 것같다. 지금까지 내가 사는 한국이 맞는지 의문이 들 만큼 영화보다 더 잔인한 무서운 뉴스가 쏟아지고 있다. 살려달라고 울부짖는 자식들을 죽인 아버지가 있고, 잔소리한다는 이유로 노모를 죽인 아들 이야기도 있다. 문자를 늦게 확인했다고 화가 나서 갈비뼈가 부서지도록 때렸다는 연인의 소식도 들린다.

신문을 읽다가 놀란 가슴에 숨이 멎고, 눈을 비비며 다시 확인할 정도이다. 동방예의지국이라고 불리던 우리나라가 어떻게 해서 이런 지경까지 되었는지 여러 생각이 머리를 스친다. 뉴스를 보면서 더욱 놀란 사실은 이러한 사건의 주인공들이 아이러니하게도 50~60대라는 것이다. 어린 나이에 철이 없어 한 행동이 아니라는 측면에서 한 번 더 경악을 금치 못하고 이러한 모습이 인생의 후배들인 청년층에게 답습이 될까 하는 마음에서 우려가 크다.

과연 무엇 때문일까? 가난에 힘겨웠던 6.25 전쟁 이후 우리나라는 근대화작업이 성공적으로 이루어져 한강의 기적이라 불릴 정도였다. 또한, 세계 어느 나라를 가더라도 'K-문화'라는 콘텐츠로 인기몰이를 하는 이 시점에서 말이다. 전체적인 경제 통계적 수치로만 보더라도 부족함이 크게 없을 것 같은데 왜 슬픈 소식은 끊이질 않는 걸까? 어쩌면 겉으로 보이는 현실과 달리 우리 마음은 시대변화라는 속도에 따라가지 못하기 때문인 걸까?

겉과 속이 다른, 표리부동(表裏不同)한 요즘 세상, 과연 해답은 어디서 찾을 수 있을까? 더 강력한 규제와 법적 대응도 한 방법일 수 있겠지만, 더 근본적인 그리고 지속가능한 대책이 필요하다고 생각되는 오늘이다.

바람과 해는 지나가는 나그네의 외투를 벗기는 내기를 하였다. 바람을 힘차게 불어 외투가 날아갈 것을 바람은 자신했지만, 오히려 나그네는 옷깃을 잡기에 정신이 없었다. 반대로 해는 천천히 온도를 높였다. 나그네는 결국 외투를 벗었고, 그 내기에서 해가 이겼다는 이야기 한번은 들어 보았을 것이다. 현 난국 역시, 바람과 같은 더 강력한 규제만이 능사는 아니다. 마음으로 느낄 수 있는 해의 따스함을 나눌 사회적 문화와 그에 따른 공감대 확산, 이러한 틀을 마련할 인문학 교육이 절실히 필요하다.

현대인들은 갈수록 사고(思考)하고 사유(思惟)하는 시간을 위협받고 있다. 즉, 빠르게 변해가는 세상 속에서 유튜브나 SNS의 자극적이고 선동적인 영상에만 중독되어 사고(思考)라는 단어 자체를 잊어가는지도 모르는 일이다. 정말 무엇이 중요한지 잊고 살아가는 현대인들에게 가장 필요한 것은 스피드가 아니라 정서적 평온이다. 빠른 흐름 속에서는 나를 찾을 수도 없고, 주위를 둘러볼 수도 없기 때문이다. 마음이 평온하지 못하기에 사색이나 사유를 하기 어렵고 주위를 둘러볼 여유도 없을지 모른다. 그래서 인문학적 접근이 더욱 필요해 보인다.

어릴 적 인터넷이 없던 시절, 세상의 변화와 마음의 속도가 비슷했을 무렵, 할머니의 무릎에 누워 들었던 고려장 이야기가 생각난다.

노모를 뒷산에 버리고 올 생각의 아버지가 어머니를 지게에 지고 아들과 함께 산속을 들어갔다. 그런데 지게를 같이 버리고 오려는데, 어린 아들이 다시 가져오려 하자, 아비는 아들에게 물었다. 왜 다시 지게를 가져오느냐고 말이다. 아들은 아비도 늙으면 똑같이 해야 하지 않겠냐고 답했다. 반면 늙은 어머니는 이미 자식이 버릴 것을 알고 있었다. 그렇지만 자신을 내려두고 돌아가는 길, 혹여 험난한 산속이라 길이나 잃지 않을지 하는 걱정에 잘 찾아 내려가라고 나뭇가지를 꺾어놓은 이야기, 혹 기억이 나는가?

부모 없이 자식이 있을 수 없다. 비싼 사교육을 한다고 해서 아이의 인성마저 바로 교육되는 것은 아니다. 부모의 그림자를 보고 자식이 자란다는 말이 있듯, 우리는 정작 무엇에 힘쓰고 있는지 생각해 보아야 한다. 가정에서 부자유친(父子有親)할 수 있고, 사회에서 느림의 미학을 공유할 수 있을 때 비로소 우리는 바른 트랙 위에서 상생하는 길을 걸을 수 있다.

빨리 흘러가는 세월 속에서
진정 당신이 찾으려 하는
파랑새의 끝은 어떤 모습일지 상상해 보았는가?

불교 열반경을 보면, 세상에 태어난 모든 생명체는 때가 되면 죽음으로 돌아간다고 말했고, 자경문에서는 명예와 탐욕은 아침 이슬과 같고, 영화와 출세는 연기와 같다고 말했다. 세상 그 어떤 것도 때가 되면 돌아가는 것이 이치인데, 무엇 때문에 우리는 스스로 마음을 어지럽히고 가장 소중한 사람들에게 상처를 주고 살고 있는지 모르겠다. 남과 비교하지 않고 소유하지 않으며 집착하지 않을 지혜가 더욱 필요한 시대, 우리는 어렵게 균형을 맞추며 살아가는 현대인일지 모르겠다.

태도의 온도

　사람을 더 가까워지게, 때론 멀어지게 하는 무언가가 있다면 당신은 무엇이라 생각하는가? 수많은 환경과 그에 따른 변수에 제각기 다른 답이 나올 수 있을 것 같다. 거리나 시간의 문제로 우리는 답을 쉽게 추측할 수 있을지 모른다. 멀리 이사 가거나, 오랫동안 보지 못할 때 우리는 멀어짐을 떠올릴 수 있기 때문이다. 하지만 나의 답은 바로 태도이다. 즉 사람이 사람을 대하는 태도의 온도에 따라 인간 사이에서 느껴지는 거리는 다르다고 생각한다.

　열대야가 가장 길다는 올해, 처서가 지난 뒤에도 더위는 식을 줄 모른다. 어젯밤 더위에 눈을 떠보니 새벽 2시, 일어나 책을 조금 보다 다시 잠들었다. 잠을 설친 탓에 진한 에스프레소 한잔으로 정신을 가다듬는 순간, 한 통의 문자가 들어온다. 부고장이다. 앞뒤 설명도 없는 부고장.

　상주를 보니 10년 전 대학에서 내가 가르친 제자였다. 대학 4학년 전공과목을 들었던 그를 아직 기억하고 있는 이유는 장학생이

어서도, 조교이어서도 아니다. 그가 삶을 바라보는 진지한 태도가 내 기억에서 지워지지 않고 있었기 때문이다. 홀어머니를 모시고 열심히 공부하던 그는 효자였다. 사실 효자라는 기준이 주관적일 수 있겠지만, 최소한 내 눈에 보이는 그는 어머니를 공경하고 어린 동생을 보살피는 청년이었다. 그런 그의 어머니가 돌아가셨다는 소식에 나는 예정되었던 일정들을 뒤로하고, 바로 장례식장으로 달려갔다. 아직 어린 그의 곁에 아무도 없을지 모른다는 생각에, 그리고 곁에서 오랫동안 있어 주고 싶은 마음에 책까지 한 권 들고서 말이다. 도착한 장례식장에는 아무도 없었고 흔한 3단 화환도 보이지 않았다. 물론 내가 너무 일찍 온 이유로 아직 도착하지 못했을지 모를 일이지만 말이다.

도착한 장례식장, 나는 그와 많은 이야기를 나눌 필요가 없었다. 조금은 수척해진 그의 눈빛에서 주체할 수 없을 슬픔을 보았고, 말없이 그의 손을 잡았다. 그저 그것으로 충분한 일이었다. 비록 바쁜 일정으로 자주 볼 수는 없었지만, 오늘만큼은 그에게 어깨를 빌려주고 싶었다. 비록 서른이 넘었다지만, 아직 어린 그가 이제는 세상에 부모 없는 고아가 되었다며, 기죽어 있을 것 같아서, "혼자가 아니야, 절대 그렇지 않다"라고 나는 말해주고 싶었다.

많은 이야기는 나누지 않았지만, 식장을 지켜주는 나의 마음에 그는 쓸쓸하지 않았을 것 같았다. 대단한 일은 아니었지만, 나의 태도가 그와의 거리를 더 당겨주고 있었다. 사람이 가까워지는 계기. 이와 같은 태도 때문이 아닐까 싶다. 누군가와 함께하고 싶다는 생각이 든다면, 다른 이유는 후순위로 물러날 수밖에 없다.

이와 반대의 경우, 누군가와 멀어지는 경험도 최근에 듣게 되었다. 연인들의 이별 이야기이다. 사랑의 온도가 100도를 넘게 되면 당사자들은 크게 온도 변화의 차이를 느끼지 못한다. 하지만 관계에서 직감할 수 있는 일정 수준의 온도 이하로 내려가게 되면, 인간은 직감적으로 태도의 변화를 감지한다. 바쁜 일정에도 연인을 우선순위에 두고 함께 남으려는 자와 바쁘다는 이유로 다른 일에 우선권을 두고 떠나려는 자와의 태도는 사뭇 다르다. 인간관계라는 것이 영원할 수 없음을 잘 알고 있음에도, 그리고 그 누구의 잘못도 아님을 알면서도 남은 자의 슬픔, 이별이라는 마지막 무대에 혼자 남게 되는 통과의례를 경험하게 된다.

과연 누가 어떤 잘못을 했는지 알 수는 없다. 그리고 그것을 파악하려는 노력도 무의미하다. 그저 시절인연이 그런 것 뿐이기 때문이다. 하지만 내가 하고픈 이야기는 떠나는 사람의 태도이다. 남겨진 사람의 마음을 끝까지 책임질 필요까지는 없다 하더라도, 남겨진 사람이 애도할 시간은 주어야 한다는 것이다. 받아들이고 혼자 설 수 있을 작은 시간적 배려정도는 있었으면 좋겠다.

이런 의미에서 보면 행복하려면 삶의 태도가, 삶의 온도가 비슷한 사람과 어울리면 마음을 다치지 않을거라는 생각이 스친다. 큐

피트의 실수로 일시적인 설레임은 있을 수 있으나, 가급적 빨리 돌아올 수 있었으면 사랑에 아파하는 일이 줄어들 것만 같다.

이 글이 세상에 나올 때면 어머니를 잘 모셔드렸을 우리 학생과 따스한 밥을 한 끼 하고 싶다. 연기가 모락모락 나는 집밥, 비록 어머니의 깊은 맛을 흉내 낼 수는 없겠지만, 삶의 선배로서 그와 함께하고 싶다. 깊은 관계는 현란한 말이 아니라, 삶의 태도에서라는 것을, 그리고 그런 태도에 앞으로 좋은 인연들이 그에게 다가올 것이라고 조용히 말하고 싶다.

외부차량
주차금지

생각하면
행복할 수 있을까?

　사람을 어떻게 구분할 수 있을까? 부자와 빈자 혹은 소위 말하는 '스펙의 크기'로 구분할 수도 있다. 하지만 누군가 나에게 물어본다면, 살아가면서 '생각이라는 것을 하는 사람과 그렇지 않은 사람'이라 말하고 싶다. 이런 나의 대답에 무슨 궤변(詭辯)이냐며 반문하는 이들도 있을 것이다. 동물도 아닌 만물의 영장인 사람이 당연히 생각하고 살아간다 말하겠지만, 실상 그렇지 않다. 사람들은 익숙해진 패턴에 따라 살아갈 뿐, 갈수록 사유(思惟)의 폭은 점차 좁아져 가고 있는 것이 현실이다.

　아침에 일어나 습관적으로 하는 일들은 무엇인가? 밤새 들어온 메시지를 확인하고, 비슷한 시간 텔레비전을 틀어 뉴스를 보고, 같은 노선의 버스를 타고 출근하는 일, 새로움으로 인한 설렘이나 긴장감이 없는 익숙한 하루의 시작이다.

　인류 진화론적 측면에서 보더라도 뇌의 크기가 점차 작아지는 이유도 그렇지 않을까, 아주 옛날, 오로지 자신의 경험으로만 살던

때가 있었다. 기껏해야 마을 어르신의 조언으로만 세상을 미리 알 수밖에 없었던 시절에는 생각과 기억을 해야만 했고, 그것이 삶의 패턴이었던 시절이 있었다. 하지만 지식과 기억을 외부화하여 분리함으로 인해, 점차 생각의 부피는 작아지고, 뇌의 크기도 작아지고 있다. 쉽게 말해 자신의 생각보다는 포털사이트에서나 SNS에서 좋다고 하는 것이 바로 정답이고, 그 길이 바로 살아가야 하는 이유인 것처럼 되어버린 오늘, 집단지성에 점차 더 의지하면서 우리의 생각은 점차 줄어들고 있다.

삶을 뜨겁게 살고 싶은가? 나의 질문에 고개를 끄덕인다면, 삶의 습관, 소위 말하는 패턴을 점검할 시기가 온 것이다.

주위를 살펴보자, 삶을 열정적으로 살아가는 사람이 떠오르는가? 무엇인가 다르다. 그들은 자연스럽게 불어가는 나잇살처럼, 삶에서 고체화되어가는 나쁜 패턴을 체크하고 새로운 패턴을 가지려 노력하는 사람들이다.

'아무 일도 하지 않으면 아무 일도 일어나지 않는다'는 유명한 말이 있다. 어떤 일이든 시작하기 위해서 제일 먼저 해야 할 일은 바로 생각을 해야 한다는 것이다. 생각해야 전략이 생기고, 목표를 이루기 위한 계획이 나오기 때문이다. 삶을 열정적으로 이끌어가는 이들의 눈빛을 본 적이 있는가? 붉은 장미보다 더 정열적으로 하루를 시작하고, 늘 다른 이들과 만남에 망설이지 않는다.

마치 약한 불 위에 올려놓은 팬, 그 속의 개구리가 서서히 죽어가듯, 어쩌면 우리는 익숙함이라는 변명으로 진정한 삶의 즐거움을 모르고 살아갈 수도 있다.

사실 생각이라고 하는 부분은 우리의 뇌에서 이루어지고 뇌는 몸무게의 2% 정도를 차지하지만, 몸이 소비하는 에너지의 20%를 쓴다. 그래서 사람들은 생각하기를 힘들어할 수 있을지 모른다. 생각도 많이 해야 길도 나는 법이다. 생각을 좀처럼 해보지 않은 사람은 시간이 많아도 무슨 생각을 어떻게 해야 할지 모른다. 단지 핸드폰을 만지작거릴 뿐,

과연 어떤 생각이 좋은 생각인가?

생각한다는 것은 지나간 일들에 대한 반성이 있을 수 있고, 미래에 대한 준비가 될 수 있다. 그래서 사람에게서 생각이 차지하는 비중은 그 사람이 얼마나 더 성장할지에 대한 성공 열쇠나 다름이 없다.

마크 트웨인이 한 말이 기억이 난다. "20년 후에 당신은 했던 일보다, 하지 않았던 일들로 후회할 것이다. 안전한 항구를 떠나라" 시간이 너무나 빠르게 지나고 있음을 여실히 느끼는 요즘, 앞으로 10년 후가 그리 멀지 않음을 느낀다면, 우리가 오늘 해야 할 일은 무엇일까?

바로 생각을 하고 실행하는 것이 정답이다. 걱정은 질이 나쁜 생각이다. 걱정을 해서 걱정이 없어진다면 얼마나 좋을까, 걱정보다는 이제 생각을 하고 전략을 세워 목표에 다다르는 행복을 맛볼 시간이 온 것이다.

그 시작에는 바로 오늘 내가 어떤 생각을 하고 있는지에 대한 물음이 될 것이다.

받아들임

알 수 없는 인생,
동굴에서 찾아보라

글을 쓴다는 일, 글을 쓸 수 있음은 참으로 축복이다. 하루에도 수많은 사람을 만나는 동안, 끊임없는 갈등과 선택 속에서 지친 나의 마음을 정화 시킬 시간이 그리 많지 않기에, 주말이면 도서관에 앉아 책을 보는 시간이 나에게는 더없이 소중하기만 하다. 책을 읽다 피곤해진 눈을 잠시 감을 때면 한 주 동안 만났던 인연들의 애환이 떠오르곤 한다.

며칠 전, 자주 가는 목욕탕에서 한동안 뵙지 못하였던 어르신을 만나게 되었다. 같은 아파트에 살았기에 근처 공원이나 엘리베이터에서 자주 인사를 나누었고, 약주를 좋아하셔서 소주도 한 잔을 하면서 이웃사촌의 정을 내고 있었던 분이라 무척이나 반갑게 인사를 나누었다. 하지만 예전보다 왜소해진 듯 보이고 약간 다리까지 절고 계신지라 그 이유를 묻지 않을 수 없었다.

"70대 중반이지만 감기 한번 걸린 적이 없다며 평소 건강 자랑하던 나지만 삶이란 참으로 알 수 없어요. 최 교수도 건강 조심하세요. 건강이 없으면 아무것도 없어요. 그리고 너무 내일만을 위해 살지 마세요. 오늘도 소중하다는 것을 잊지 말아요" 그가 한 말 속에는 아직 삶을 알기에는 먼 나이가 아니냐는 자조 섞인 감정을 느낄 수 있었다. 평소 운동을 좋아하는 그는 철봉을 하면서 손이 미끄러져서 경추를 심하게 다치게 되었고, 수술까지 하였지만, 평생 장애를 안고 살아가게 되었다는 것이다.

그와 나눈 이야기 뒤로 많은 생각이 들었다. 자식들은 이미 장성하여 잘 살고 있고, 지금까지 미래를 위하여 열심히 살아와 이제야 편한 노후를 보낼거라는 생각을 하였지만, 현실이 그렇지 못하다는 것을, 즉 내가 느끼는 일, 바로 오늘을 느끼면서 살아야 한다는 것이다.

젊은 시절 수많은 생각들 속에서 우리는 걱정과 집착이라는 그림자와 함께 살아야만 했다. 무엇을 하더라도 많은 계획 속에서 실패라는 경우의 수를 줄이기 위해 오늘을 살지 못하고 내일이란 이름 위에 삶을 올려놓아야 했다.

음식을 먹어도 그 맛을 느끼지 못하고, 여행을 가도
그 풍미를 즐길 수 없는 이유는 간단하다. 마음이
바로 그곳에 없기 때문이다.

깨어있으면 내가 먹는 음식의 맛을 진정으로 느낄 수 있다. 하지만 밥을 먹으면서도 눈으로 스마트폰을 보고, 머릿속에는 다른 생각을 하고 있다면 진정 느낄 수 있는 범위는 좁아질 수밖에 없다. 과거 20대 유학 시절 프랑스 에펠탑에서 느꼈던 그 마음과, 40대 출장으로 느꼈던 마음은 사뭇 다르다. 그 이유는 마음속에 내가 있고 없음의 차이가 아니었을까 생각해 본다.

내 마음속에 내가 존재하려면, 가끔은 내 마음을 정화시킬 장소를 찾아야 한다. 그곳에서 핸드폰을 꺼두고 한없이 가슴을 씻어내야 한다. 녹음이 우거진 산도 좋고, 파란색을 원 없이 볼 수 있는 바다도 좋다.

마음을 씻어내고 내가 깨어있도록 해야 한다. 우리는 수많은 사람을 만나면서 정보와 경험을 통해 오늘을 같은 패턴 속에서 흘려보낸다. 그러는 동안, 어느새 내 안에는 내가 사라지기도 한다. 다른 이의 마음에 들기 위해, 사회라는 울타리 속에 안전히 존재하기 위해, 어느새 내가 없어지기도 하고 다른 이가 내 마음의 주인이 되어있기도 한다.

주말이면 나는 동굴로 찾아간다. 평소 읽고 싶었던 한 권의 책을 들고 노트와 함께 도서관을 찾는다. 세속에서 일어난 크고 작은 상처를 보듬을 시간이다. 내가 나로 살기 위해서는 오늘을 느껴야 한다. 그러기 위해서는 생각을 때로는 버려야 한다. 항상 생각을 들고 있어서는 마음에 새로움을 넣을 공간이 없어진다.

어느새 도서관의 마감을 알리는 방송이 나온다. 손때 묻은 책을 덮으며 눈을 감는다. 얼마나 정화되었을지 모르는 나, 그렇지만 한 주 동안 고생한 나를 나만의 동굴, 도서관에서 토닥여 본다.

당신에게
아름다운 사람이란

'어떤 사람이 좋으세요?'라고 누군가 물어본다면 어떻게 대답할 것인가? 요즘 유행하는 MBTI, EDISC와 같은 진단 도구를 떠올리며 성격유형을 말할 것인가, 아니면 한 여름밤 꿈 같았던 첫사랑을 떠올려볼 것인가? 사람마다 어떤 생각으로 무슨 말을 할지 참 궁금하다. 하지만 누가 나에게 물어본다면 나는 '눈이 아름다운 사람'이라 말하고 싶다.

한 사람의 눈 속에는 그 사람의 모든 것이 녹아 있다. 과거의 힘들었던 시간들, 그 차가운 시련 속에서 묵묵히 이겨내온 역경이 보이고, 외로움이라는 터널을 지나 오늘을 살아가는 사람의 눈동자, 그 안에는 겸손이 숨어져 있다.

그들은 말이 없다. 장황하거나 화려한 명함으로 자신을 표현하지 않는다.

나는 눈이 아름다운 사람을 가까이하고 싶다.

어떤 일을 하더라도 그들은 오늘의 소중함을 잘 알고 있다. 어제를 반성으로 돌아보기도 하지만 내일만을 위해 살아가지 않는다. 그들은 언제나 성실하다. 삶이 무한하지 않다는 것을 누구보다 잘 알기에 촌음(寸陰)을 아끼고 만나는 사람을 가리기도 한다. 자신에게 이익이 될만한 사람을 만난다는 것이 아니다. 시간의 소중함을 모르고 살아가는 사람들을 곁에 두지 않으려 한다. 마치 스펀지에 물이 스며들 듯이, 주위 환경의 중요성을 알고 삶의 변명이 많은 사람을 항상 경계한다.

송나라 주희가 한 말, 일근천하 무난사(一勤天下 無難事), 마침 이 말을 좋아하는 선배 두 명이 있다. 그들의 나이는 어느새 80이 되었다. 30년의 인연, 같이 늙어간다고 웃으며 막걸리 한잔을 건네는 그들에게 공통적으로 느껴지는 감정은 바로 눈이 아름답다는 것이다. 비록 피부는 늙어가고, 근력은 예전 같지 않다지만, 그들의 눈은 아직도 건강하다. 한마디로 매력적이다.

"성실한 사람에게는 절대 하늘이 어려운 숙제를 내리지 않는다"고 풀이하는 그들, 새로운 한 세기를 맞이하려는 그들의 일과를 들어보면 언제나 성실하다. 쉼도 있지만 게으르지 않다는 말이다. "선배님의 눈은 정말 아름다우세요"라고 언젠가 말한 적이 있다.

그러자 그는 이렇게 말했다. "눈이 아름다운 사람들과 늘 함께하세요. 그럼 당신도 그렇게 될 겁니다. 눈이 아름다운 사람들의 삶은 매력적이에요. 하늘이 부를 날이 언제인지 모르기에 우리는 최선을 다해 아니, 후회 없이 오늘을 살아야 해요. 배움으로 어제의 무지를 씻어내고, 멀어지는 인연에 미련을 두지 말고, 새로운 인연에 부담을 두지 마세요. 만남으로 인해, 나를 돌아보고 그들에게서 지혜를 구하는 거지요."

눈이 아름다운 사람,
그는 중도를 지키는 사람이다.

무엇이라도 좋은 것을 보면 주위를 살피지 못하고 소유하려고만 하는 것이 아니라, 마음의 발걸음을 때로는 멈출 줄 아는 사람들이다. 비단 물건뿐 아니라 그 무엇에도 집착하지 않고 한 발자국 멀리서 관조하는 능력을 갖추고 있다. 인간관계 역시 마찬가지, 너무 뜨겁지 않게 너무 차갑지 않게 사람을 만난다. 사람을 통해 배운 것도 있지만 잃은 것도 많기에 삶의 철학이 그대로 적용되어 살아가는 듯하다.

눈이 아름다운 사람을 만나고 싶다. 그들의 삶의 결은 당신과 어쩌면 비슷할 것이다. 굳이 소개를 받으려 새로운 모임에 나가지 않더라도 인연의 고리는 그들을 만나게 해 줄 것이다. 그러기 위해서는 오늘을 최선을 다해 성실히 살아가야 하지 않을까?

슬기로운 자는 미래를 오늘인 것처럼 생각하고 살아간다. 아직 삶에 비가 내리고 있지만 그치지 않는 비는 없다는 사실을 알고, 지친 발걸음에 마지막 힘을 보탠다. 포기하면 편하다는 것은 누구나 안다. 하지만 포기하는 순간, 미래도 사라진다는 것을 아는 그들은 오늘을 제대로 살아가는 눈이 아름다운 사람들일 것이다.

어느새 따뜻한 봄을 지나고 있다. 내 마음에도 새들이 지저귀고 햇살이 비치고 있다. 바쁘게만 달리는 다람쥐 쳇바퀴 도는 삶에서 한순간 벗어날 수 있는 용기를 오늘 한번 가져보자. 그럴 수 있는 당신은 이미 눈이 아름다운 사람이다.

성공보다는
존경받는 사람

이제 한해가 시작되었다. 새해, 새로운 다이어리에 좋은 일만 가득 채울 거라 계획했을 당신의 오늘, 어떠한지 모르겠다. 사실 세상일이 모두 바람대로 된다면, 계획이란 필요 없는 일이 된다. 하지만 열두 달이 길어 지속 가능한 실천이 어렵다며 올해는 이미 틀렸다고, 벌써 내년을 기약하는 사람이 있다면 나는 반문(反問)하고 싶다. 일 년을 반으로 나누어 보면 어떨지 말이다. 1년이 아닌 6개월이라면 목표가 더 가까워 보이지는 않을까?

사람들이 열정을 가지고 목표를 이루기 어려운 이유는 무엇일까? 목표달성이라는 결과에만 치중하기에 그 과정에서 찾아오는 고통이나 시련은 무시되기 쉽기 때문이다. 이 글을 읽는 당신 역시, 마음속에서 들려 오는 소리를 애써 무시한 적은 없는가? "나 힘들어 조금 쉬고 싶어, 아니야 지금 쉰다면 이룰 수 없을거야"라고 말이다.

내면에서 울리는 공명을 무시하고 달리는 사람. 성공까지는 할수 있다. 그래서 세상 사람들은 그들을 소위 '독한 사람'이라고 부리기도 한다. 업계에서 최고의 위치에 오르기도 하고, 언론에서 자주 조명되기도 한다. 하지만 그런 이들 역시 나에게 치유상담을 자주 의뢰한다. 그들의 공통된 불편함, 바로 외로움이었다. 최고의 위치에 오르기 위해 지금까지 많은 것들을 포기하였다. 사랑하는 사람과의 시간은 충분하지 못하였고, 본인의 건강 역시 챙길 여유가 없었다. 그런 시간의 겹들이 층층이 쌓여 비록 성공이라는 명함은 얻었지만, 외로움도 함께 얻었다 말한다.

원하던 성공의 문은 열 수 있었지만 그사이, 가족들은 이미 각자의 삶을 살고 있었다. 그가 다가설 자리는 없었고, 노력해도 어색하기만 하다. 늦은 후회에 본인의 삶을 찾아보려 하지만 그것조차 쉽지 않다. 앞만 보고 달렸기에 어떻게 시간을 보내는 것이 잘 쉬(休)는 일인지 익숙하지 않은 하루를 보낸다. 즉 외로움만이 친구가 되는 셈이다.

부러워할 만한 결과를 가진 사람을 흔히 성공한 사람이라 한다. 성공한 이를 존경하기도 하지만, 우리가 존경이라 부르는 사람은 그 과정이 아름다운 사람이다. 비록 성공한 사람의 결과치까지 가지는 못하더라도 말이다.

목표지향적인 마음에서 벗어나 과정을 사랑할 수 있다면 어떨지 상상해 보자. 햇살이 비치는 눈부신 날도 있지만, 거센 비바람이 부는 날도 있을 것이다. 과정을 사랑하는 이는 내리는 비를 시련으로 생각하지 않는다. 더 나은 내일을 위한 고마운 징검다리로 해석하고 오늘을 피하려 하기보다 그 의미를 알아차리고 오늘을 더 기억하려 노력할 것이다. 그들에게는 이러한 눈물겨운 오늘도 소중하기 때문이다. 그러기에 세상 성공한 기업가는 많아도 존경받을 어른은 그리 많지 않다는 말이 나온듯하다.

존경받는 사람의 눈동자는 매섭지 않다. 마치 득도(得道)한 사람처럼 맑다. 그들의 언어는 부드러우며 피부에서는 광이 난다. 세상의 풍파를 거치며 무엇이 옳고, 그른지를 알기 때문에 바르지 않은 길은 다가서려 하지 않는다. 그렇기에 과욕(過慾)으로 몸과 마음을 해치는 일이 많지 않다.

지천명의 세월을 거치면서 한가지 얻은 지혜가 있다면 사람이나 재물이나 바란다고 다가서면 멀어진다는 사실이다. 너무 많은 욕심보다는 여유와 진심으로 살아갈 때 재물이나 사람은 다가오는 것이다. 사람이 돈을 따라가서는 안 된다. 돈이 사람을 따라오게 만들어야 하고, 사람이 사람을 따르게 만들어야 한다.

세상 사람들이 살아가는 방식은 참으로 여러 가지이다. 그러하기에 절대적인 공식이나 궁극적인 삶의 바른길이란 없다. 하지만 한 가지 사실을 잊지 말자, 성공만을 좇는 사람들은 결국 점차 외로워질 것이고, 그토록 잡으려고만 했던 파랑새는 멀어져 갈 뿐이라는 것을 누가 무엇이라 말하더라도 내 삶을 즐겨보면 좋을 것 같다. 비싼 자동차, 멋진 식당에서의 만찬을 부러워하기보다, 비 오는 날, 우산을 쓰고 걷다 들려오는 추억의 노래, 마음 가는 이에게 전화 걸어 소주 한 잔 기울일 수 있다면 족하지 아니할까?

성공만을 위해 살지 않았으면 한다. 무엇을 위해 살아간다는 것은 그만큼 본성에 거슬리는 저항감을 불러일으키기 때문이다. 그냥 마음이 시키는 대로, 바람이 부는 대로 몸을 맡기면 족한 일이다.

친구와 지인을
구별하라!

"양지가 음지 되고, 음지가 또 양지가 되는 게 세상 이치야. 너무 걱정 마. 곧 너에게도 좋은 날이 올 거야"라 말하는 친구가 있는가 하면, "어휴, 어떻게 해. 앞으로 경기가 더 어려워질 거라는데 걱정이다. 걱정!" 우울한 감정에 기름을 붓는 친구도 있다. 향후 경기 전망을 떠나 두 사람의 말 온도에는 분명 차이가 있다. 좋은 날을 기다려 보자는 친구, 아니면 당면한 오늘이라는 숙제조차 힘들어하는 이에게 팩트라며, 작은 희망조차 무참히 찢어버리는 사람. 지금 당신의 주위에는 어떤 사람이 있는가?

같은 날에 태어난 일란성 쌍둥이도 자라며 성격이 달라지듯, 세상에 같은 사람이란 존재하지 않는다. 그래서 내 마음 같은 사람을 찾기란 거의 불가능하다. 하지만 삶의 결이 비슷한 사람, 마음의 속도가 비슷한 이를 우리는 친구라 부르고 인연을 잇는다. 친구는 행복이란 방정식에 큰 영향을 미치지만 우리는 그저 알고 있는 지인을 친구라 부르며, 감정의 울타리를 함부로 열어주고 있지는 않은지 묻고 싶다. 어쩌면 불청객이 되어 내 마음에 크고 작은 폭풍을 만들 수도 있음에도 말이다. 그래서 친구라는 이름으로 쉽게 마음을 열어서는 안 되는 일이다.

누군가 나에게 지인과 친구를 어떻게 구별하느냐 묻는다면 '눈빛'이라 말한다. 진정한 관계에서 주고받는 눈빛은 보통의 눈빛과는 다르다. 그 안에는 다른 관계에서 찾아볼 수 없는 특별한 무엇인가가 숨어있다. 무미건조한 눈빛이 아닌 촉촉한, 바로 사랑이 스며들어 숨 쉬고 있다.

모든 사랑의 시작은 어디서 시작될까? 바로 측은지심에서 비롯된다. 상대를 위하는 마음, 조금이라도 도와주고 싶은 마음에서 관심과 사랑이 시작되는 것이다. 이 글을 읽고 있는 당신의 눈빛은 어떠한지 궁금하다. 가까이 있는 그를 측은지심의 마음으로, 마음의 온도를 맞추려 노력하는지 아니면, 내일 헤어져도 전혀 어색하지 않을 모습으로 그냥 자리만 지키는지 말이다. 그렇다. 친구라는 이름의 시작은 바로 측은지심에서 생겨난다.

정현종 시인의 시처럼, 누구를 만난다는 일은 실로 엄청난 일이다. 그의 힘들었던 과거를 받아주며, 앞으로 다가올 밝은 미래도 함께할 수 있기 때문이다. 사실 시간 내어 어떤 이를 만난다는 것에는 보이지 않는 많은 이유가 숨어있다. 가령 당신의 업무나 수입과 관련이 있는 사람일 수도 있고 아니면 정서적으로 도움을 받을 수 있는 사람일 수도 있다. 아니면 그 이상의 이유가 마치 실타래처럼 엮여있을 수 있다.

사회라는 섬, 이해관계로 얽혀져 있어서 천편일률적으로 A라서 B를 만난다고 말하기 어렵다. 관계라는 것이 마치 구름과 같아 어떨 때는 아름다운 푸른 뭉게구름이었지만, 때로는 검은색 먹구름이 되기도 하기 때문이다. 그래서 언제나 내 마음 같은 절대적인 내 편이란 존재하지 않는다.

그럼에도 불구하고 누군가 나에게 눈빛이 고운 함께 하고픈 친구가 어떤 사람일지 묻는다면 나는 '배움과 함께 하는 이'라 말하고 싶다. 손바닥만 한 핸드폰만 있으면 전부 다 해결되는 세상 속에 살고 있다며, 모든 것을 알 수 있다는 사람이 있는가 하면, 책 한 권을 보더라도 행간의 의미를 몰라 몇 번이고 읽고 또 읽으려는 사람도 있다.

그들의 오늘은 별반 차이가 없을 수 있다. 하지만 세월이 흐른 뒤 그들은 보통 사람들과는 엄청난 차이를 가질 것이다. 비록 얼굴에 주름이 지더라도 마음에는 꽃이 피고, 얼굴은 밝아질 것이며, 주위에는 비슷한 결을 가진 고운 이들이 함께할 것이다. 반면 배움이 멈춘 사람의 마음은 서서히 메말라간다. 이러한 생각은 최근 발표에서도 뒷받침되고 있다. 정신건강학회에 따르면 늘 배우려는 자세를 가진 사람의 뇌는 그렇지 못한 사람과 큰 차이를 가지고 있고, 이는 치매의 속도에도 유의미한 관계를 가진다고 발표하였다.

오늘 우리가 만나야 하는 사람이 어떤 사람인지 알아야 한다. 스펀지에 물이 서서히 스며들듯이, 가랑비에 옷이 젖듯이 우리는 그들의 영향을 받을 수밖에 없다. 배움을 멀리하고 같은 생각의 흐름 속에서 늘 같은 고민의 쳇바퀴를 도는 사람들과는 잠시 이별하여도 좋다. 측은지심의 마음으로 나를 배움의 길로 인도하는 사람, 만나는 자체로도 배움이 이어지는 그런 눈부신 사람을 만나야 한다. 배움은 학교에만 있지 않다. 당신의 오늘이 평온할 수 있게 하는 사람을 만나는 것, 바로 배움의 시작이다.

떠나는 인연

며칠 전, 신문에 기고한 글을 보고 지인 한 분이 연락이 왔다. 인간이 인연을 잡을 수 있냐고 묻는다. 보이지 않는 인연을 어떻게 잡을 수 있겠느냐면서 그의 이야기를 청해 들었다.

아직은 때가 아닌 것 같은데, 정말 떠나보내야 하는 것이 옳은 것인지, 아니면 인연에 내 의지를 조금 보태어 잡아보면 다시 돌아오지 않을까 하는 욕심도 든다는 것이 그의 솔직함이었다.

요즘 나의 화두는 인연이 맞다.

사회라는 각박함 속에서 따스함을 유일하게 느낄 수 있는 공간, 서로의 온기로 살아갈 수 있는 것은 좋은 사람들이 있기 때문이다.

하지만 그 인연도 언젠가는 끝이 있다. 그것을 원하든, 원치 않든 말이다.

인연에 아파하는 사람들,

사랑으로 기뻐한 순간들도 인연의 한 페이지이고, 이별로 슬퍼하는 순간들도 인연의 또 다른 한 페이지다. 그러므로 인연을 항상 아름다울 것이라고 생각하는 것은 오류이다.

사랑할 수 있는 용기를 가진 사람은 떠나보낼 용기도 가지고 있어야 한다. 잊어야 한다는 이유가 너무나 아픈 사람들이 많다. 그래서 대중가요에도 흔히 등장하는 주제인가보다.

법구경에서 좋은 구절을 찾아본다.

사랑하지 마라,
사랑하면 사랑하는 사람을 못 보면
힘들어질 거니까

미워하지 마라,
미워하면 미워하는
사람을 보면 힘들어질 거니까

나이가 들어감에 따라 우리의 숨쉴 수 있는 공간이 조금씩 커져가는 이유는 어쩌면 누군가에게 마음을 주는 근력이 약해져서가 아닐까, 굳이 그 근력을 키울 필요가 없기에, 오히려 자신에게 나중에 그리움이라는 독으로 자랄 것을 잘 알기에, 자연스럽게 퇴화되는 기능일 수도 있다.

인연을 잡을 수 있다면,
잡으면 된다.

하지만 떠나간 인연에게 시들어가는 마음 장엄한 애도를 표하는 것도 옳다.

떠날 사람은 떠나고 올 사람은 다시 오기 때문이다.

가슴이 터질 것 같은 시간도 장맛비처럼 한순간이다. 그치지 않는 비가 없듯이 우리의 마음도 그러하다.

한동안 인연을 잊고 살아도 된다.

외로움으로 인간은 죽지는 않는다. 당신이 외로운 것은 인연 때문이 아니라 그동안의 익숙했던 시간의 공백을 채워줄 대상이 없어서가 아닐까?

유한에서 무한으로 돌아설 때, 우리는 행복하다고 말할 수 있을까?

"이제 말복만 남았네, 어서 추운 겨울이 오면 좋겠어." 오랜만에 만나는 친구들이 식당을 들어서며 하는 말이다. 여름, 겨울 일 년에 두 번씩 만나는 모임인지라 나는 그들이 작년 겨울에 했던 말을 뚜렷이 기억한다. "너무 추워, 따뜻한 남쪽 나라에서 몇 달간 살다 오면 좋겠어." 내 기억이 맞는다면 친구들은 언제나 날씨와 환경에 만족하지 못하는 사람이 된다. 그렇다고 과감히 생업을 미루고 좋아하는 날씨를 찾아 떠날 용기까지는 없을 테지만 말이다.

더운 날씨, 나는 어지간해서는 에어컨을 틀지 않으려 한다. 여름은 여름답게 더워야 하고, 겨울은 겨울답게 추워야 한다는 것이 나의 생각이다. 만약 여름에는 에어컨만, 겨울에는 히터만 찾는다면 우리 인간은 계절의 흐름을 무감각하게 느낄 공산이 크다. 혹자는 그게 뭐가 그리 중요하냐고 물으며 오히려 과학 문명의 발달로 인간이 환경을 지배하고 있다며 웃을지도 모른다.

과연 인간이 환경을 지배할 수 있을까? 과거보다 비교 불가의 발전 속도에 사는 것은 사실이다. 어쩌면 우리 삶이 마무리되기 전, 불로장생의 비밀을 과학이 찾을지도 모를 일이다. 모든 것이 편하고 유한(有限)이 무한(無限)의 개념으로 돌아서는 순간에 우리는 과연 더 행복하다고 말할 수 있을까?

유한의 경계가 무너지는 순간, 소중함의 가치는 떨어지고 행복의 질도 낮아질 수밖에 없다. 같은 무게이지만, 보석이 돌보다 더 귀하게 여겨지는 이유는 그 희소성 때문이다. 만약 길가에 부딪히는 돌들이 모두 보석이라면, 어쩌면 우린 진짜 돌을 귀한 보석(寶石)이라 부를지 모른다.

사람의 마음도 마찬가지이다. 여름휴가가 더 달콤하게 느껴지는 것은 그간 열심히 살아온 자신에게 충전의 시간을 선물할 수 있기 때문이다. 1년 중, 300일이 휴가라는 가정과 우리가 가지는 1주일이라는 실제 휴가의 질적 가치를 비교해 보면 어떨까? 지천으로 깔린 휴가라는 시간, 그리고 1년을 기다린, 네잎 클로버 같은 짧은 휴가, 과연 당신은 어디에서 질적 만족감을 느낄 수 있을지 묻고 싶다.

많다는 것과 행복의 정의를 동일 선상에 두고 해석하려는 시도는 위험하다. 만약 그렇다면 많이 가진 사람은 행복해야 한다는 결론이 나올 수 있기 때문이다. 가진 것이 없어서 불행하다고 여기는 사람은 자신의 불행을 결핍된 부분, 즉 돈이 부족하다는 상황에서

부터 찾으려 하기 때문일 수 있다.

옆집 동네 세탁소 주인장은 언제나 웃는다. 무에 그리 좋은 일이 많은지 궁금해 물어본 적이 있다. 대형 세탁소의 등장으로 매출이 줄어드는 환경, 그는 그리 넉넉하지 않은 생활에도 한 달에 한 번 아껴둔 용돈으로 집 근처 양로원을 방문한다고 한다. 여름에는 시원한 아이스크림, 겨울에는 어르신들이 좋아하는 호빵을 사서 말이다. 10만 원 남짓 되는 돈이지만 그가 느끼는 행복감은 그 이상의 더 가치 있다며 벌써 2년째 '양로원의 키다리 아저씨'를 자처(自處)한다. 이제는 어르신들 손자 손녀 이름까지 기억하기도 하고, 유독 단팥빵을 좋아하는 한 할아버지에게 빵을 건네는 순간, 그는 엔도르핀이 샘솟는다고 한다. 그리고 이 말을 덧붙인다. "우리 아버지 살아계셨을 때 이렇게 하면 좋았을 것을, 아이스크림도 단팥빵도 정말 좋아하셨는데…" 허공을 바라보며 말하는 목소리, 내 마음에는 눈물로 전해지고 있었다.

그의 뒤늦은 후회,
삶의 유한함을 그 시절은 몰랐으리라.

행복에 대하여 글을 쓰고 강의하는 사람으로 행복하기 위한 사자성어 하나를 꼽으라면 나는 안분지족(安分知足)을 말을 하고 싶다. "오늘 내가 가진 것에 만족하라"라는 말이다. 여기서 중요한 것은 바로 '오늘'이라는 말과 '알아야 한다'이다. 즉, 깨우쳐야 한다는 것이다. 고등학교 시절 처음 접했던 그 표면적인 의미가 아니라 세상 여러 풍파를 겪으며 배운 말이다. 행복해지려면 시점을 바로 오늘, 지금으로 설정해야 한다. 그리고 자신의 환경, 가진 것에 감사할 수 있는 마음을 가질 수 있어야 한다. 사람이 불행한 이유는 자기 삶에 만족하지 못하기 때문이다.

　오늘을 느끼고 만족하는 감정을 가질 수 있다면, 우리는 무한이 아니라 유한에서 행복을 찾을 수 있다. 인간은 신이 아니다. 모든 것이 완벽할 수도, 그 어떤 것도 완전히 소유할 수 없다. 안분지족, 이 정도면 충분하다는 마음은 정말 소중한 것에 집중할 수 있는 마음의 공간을 만들어주기에 충분할 것이다. 오늘은 당신의 남은 날 중에 제일 젊은 날이다. 불평보다는 오늘을 즐겨보자.

좋은 인연을
만나고 싶다면

좋은 인연과 나쁜 인연의 차이는 무엇일까? 나의 수업을 듣는 학생 중 한 분은 유명한 사주 상담가이다. 내 질문에 그는 이런 정의를 내렸다.

좋은 인연: 기쁨을 주는 사람
나쁜 인연: 슬픔을 주는 사람

이 얼마나 짧고 간결한 답인가? 이 글을 보고 한동안 생각에 빠지게 되었다. 내 주위에는 어떤 사람이, 어떤 인연으로 있는지 말이다. 사람이란 저마다의 인생 굴곡이 있어, 좋을 때도 있고 슬플 때도 있기에, 만나는 인연의 시기에 따라 그 모습을 달리할 수 있다. 그래서 첫 만남에 인연을 결정짓지 않고, 오랫동안 함께 지내보며, 희로애락을 함께 하는 것이 사람에 대한 그리고 인연에 대한 참다운 모습이라고 생각했었다. 그런데 그의 말을 가만히 해석해 보니, 나는 어쩌면 요즘 말하는 꼰대의 모습을 아닐 지라는 의문이 든다. 세상 영원한 것은 없다는 진리를 잊고, 변해갈 타인과 때로는 멀어

져 갈 인연을 생각하지 않은 채, 혼자만의 낭만과 로맨스에 빠져 도취
된 것은 아닌가 하고 말이다.

그래서인지, 요즘 사람들 너무나 쿨하다.

한번 아니라고 생각하면 다시 기회를 주지 않고 냉정하게 돌아
서 버린다. 세상은 사람들로 구성되어 있고, 그중 반은 남자, 반은
여자 그래서 아쉬울 것도 없고 인연은 마음만 먹으면 언제든 만들
수 있을 거라는 단순한 논리 때문일까? 더는 나에게 기쁨을 줄 수
없는 사람은 인연이 아니라는 공식, 더이상 새로움을 줄 수 없는
인연, 나에게 도움이 되지 않으면 멀어지는 것이 당연하다는 세상
공식이 때로는 야속하기만 하다.

하지만 로마에서는 로마법을 따라야 하는 것이 올바른 처세라
누군가 말하였다. 그런 의미에서 보면 우리는 인연의 끝이 보일 때
미련 없이 떠날 수 있고, 보내줄 수 있어야 하는 용기를 가져야 한
다는 공식도 도출될 수 있다.

메말라가는 세상, 마른 눈물도 나지 않을 것 같은 현실 앞에 우
리의 마음은 때론 길을 잃기도 한다. 각박한 세상 한가운데 때로는
누군가에게 기대고 싶고 말없이 울고도 싶지만 그런 사람, 그런 존
재는 좀처럼 나타나지도, 오래 곁에 있기도 쉽지 않다. 그래서 정
말 친한 친구만 있어도 인생을 잘 산 것이라는 말이 빈말이 아니

라는 것이다.

세상을 가볍게 살기 위하여 좋은 인연을 굳이 남들과 맺을 필요
는 없다.

절대 배신하지 않을, 떠나지 않을 나 자신과 진실된 인연을 맺어
보면 어떨까? 내 존재의 의미를 다른 사람을 통해 찾지 않는 않도
록 말이다. 하늘의 구름처럼, 멀리 보면 고정되어있을 것 같은 구
름 역시 바람의 영향으로 조금씩 움직이듯, 세상에 변하지 않는 것
은 하나도 없다. 하물며 사람의 마음이야 더 말할 필요가 없는 것
이다.

그렇다면 어떻게 나와 좋은 인연을 맺을 수 있을까?

그리 어렵지 않다. 나를 사랑해주고 나를 아껴주면 내가 나를 좋
아할 수 있다.

힘들 때 맛있는 음식을 먹여주고, 기분 좋은 일이 있을 때 내가
좋아하는 선물로 아낌없이 보상해주는 것이다. 내가 나를 사랑할
수 있다면 자존감도 높아지는 법이다. 세상 누가 뭐라 해도 내 마
음속 자아가 괜찮다고, 그건 문제가 되지 않는다고 외친다면 정말
문제가 안 되는 것이다.

자기 마음속에 자기가 없으면 남들의 말에, 눈빛에
당신의 마음과 몸이 흔들리는 법이다.

내가 나에게 기쁨을 주는 일은 그리 어렵지 않다. 기쁨을 주는
일이 좋은 인연이라면 우리는 이미 좋은 인연을 가지고 있다. 다만
그것을 알지 못할 뿐, 내가 나를 아끼고 사랑하는 법에 대하여 몇
가지 말하려고 한다. 쉽게 실천해보면 좋을 것 같다.

나를 사랑하는 5가지 방법은 다음과 같다.

1. 아침에 일어나면 따뜻한 물 한 잔 마시기

내 몸과 마음에 수분을 공급시켜주어 밤새 쌓인 노폐물을 제거
한다.

2. 평소 좋아하는 음악 한 곡, 평소 좋아하는 책 한 페이지라도 꼭 들어보고 읽어보기

바쁜 일상에서 느림의 미학을 느껴본다.

3. 나에게 슬픔을 주는 사람과 과감히 이별하기

지금 슬픔을 주는 사람은 내일도 슬픔을 줄 가능성이 크다. 정리의
미학을 배워본다.

4. 때로는 이성보다 직관에 따라 살아보기

비 오는 날 저녁, 밀린 업무가 많더라도 분위기 좋은 카페에서 눈감고 커피 향을 맡아본다.

5. 내가 부족한 부분 찾아 공부해보기

인간의 행복 중에는 성장에 대한 기쁨이 생각보다 크다.

어제보다 더 나은 내일이 꿈꾸도록 결핍된 부분에 관하여 공부해보자.

어떻게 하면
행복할 수 있을까?

새해가 시작되는 시기가 되면, 매년 이맘때가 되면 지난 세월에 대한 회상과 내일에 대한 계획들로 마음은 항상 분주하다. 새로 장만한 노란색 다이어리에 좋은 일들만 가득 채울 거라 다짐했지만, 올해 경기도 좋지 않을 거라는 뉴스에 마음은 쉽게 무거워지기도 한다. 세상 사는 것이 별반 차이 없다며 혼잣말로 위로해보기도 하지만, 주위 친구들은 하나같이 다들 잘 사는 듯 보인다. 갑자기 어지러워진 마음, 이런 화두가 슬며시 들어온다.

나는 지금 어디에 있는가? 잘살고 있는 걸까?

행복에 관하여 책을 쓰고 상담과 강의를 하는 내가 가장 많이 듣는 질문은 바로 "우리는 왜 힘든가, 그리고 어떻게 해야 행복할 수 있을까?"이다. 어떤 사건에 대한 해석이나 반응은 사람마다 달라 스트레스의 크기 또한 다르듯, 행복 역시 극히 주관적인 부분이라 일률적인 포뮬러를 만들 수는 없었다. 하지만 남녀노소를 막론하고 지속 가능한 행복의 공통분모를 찾으려 노력하였고 오랜 시간의 끝에 노자, 도덕경에서 해답을 찾을 수 있었다.

마음이 우울하다면,
당신은 과거에 살고 있는 것이고,
마음이 불안하다면,
당신은 미래에 살고 있는 것이고,
마음이 평온하다면,
당신은 오늘을 살고 있는 것이다.

"정말 오늘을 살고 있나요?"라고 묻는다면 당연히 지금 여기서 숨 쉬고 있으니, 그렇다고 반문할 수 있다. 하지만 많은 사람은 제대로 오늘을 살지 못하고 있다.

얼마 전 심리상담을 했던 피부 관리실의 원장님, 그녀의 마음은 늘 좌불안석이다. 이번 달 수입이 그리 나쁘지 않았지만, 다음 달 매출이 확실하지 않기에 오늘이 편할 수 없다고 한다. 무엇을 먹어도 맛을 제대로 느끼지 못하고 마음은 이미 다음 달에 할 일들로 가득 차 있다. 이유를 물어보면, 작년 힘들었던 시간이 자꾸 생각나 조금이라도 쉴 수가 없다는 것이다. 이해는 충분히 가지만, 그녀에게는 오늘이란 비중은 거의 느낄 수 없다.

다시 말해 과거에 대한 회상으로 오늘이 우울하고, 미래에 대한 걱정으로 오늘이 불안하다는 노자의 공식이 정확히 맞아 떨어진다. 적당한 스트레스는 발전과 성장을 위한 촉진제의 역할을 하지만 생각이 많아지면 걱정으로 변질된다. 걱정은 또 다른 걱정을 만들고, 오늘의 다가온 행복조차 느끼지 못하게 만든다. 내가 그에게 제안했던 몇 가지 팁은 다음과 같다.

오늘을 온전히 살려면 해야 할 일은 무엇일까?

나 자신을 받아들이기

무엇을 반드시 해야만 한다는 부담에서 벗어나, 오늘 있는 자체로 나를 사랑해주자.

대부분의 심리적 문제는 이루어야만 하는 나와 이룰 능력이 아직 부족한 나와의 격차에서 생기는 갈등 때문에 발생한다. 그러기에 오늘의 나를 그대로 받아들여 보자, 나를 수용하고 받아들일 때, 문제 대부분은 해결된다.

남들과 비교하지 말기

이미 내가 가진 것에 감사하고 집중하자. 세상의 모든 일은 집중하면 할수록 더 강해지는 법이다. 불평도 자꾸 하다 보면 마음에 불평이란 8차선 고속도로가 생긴다. 행복이란 대로를 만들려면 가진 것에 집중하라.

지난 일에 다시는 미련을 갖지 말기

당신의 잘못이 아니다. 그냥 인연이 그것까지일 뿐이니 미련은 과감히 버리자. 일에 실패해도, 인간관계에 실패해도 그냥 시절 인연일 뿐이다. 갈 것은 가고, 올 것은 온다.

내가 좋아하는 것을 하기

마음의 소리를 들어보면 오늘을 살 수 있다. 내가 지금 먹고 싶은 것을 먹어보고, 가고 싶은 곳을 가보자, 절대 자신에게 인색하지 마라, 자기 보상을 미루지 마라, 내가 행복해야 세상이 행복하게 보이는 법이다.

'내일'이라는 좋은 명제는 내일 생각하면 된다. 반드시 미리 준비해야 실패하지 않을 거라는 마음만으로 오늘의 행복을 놓치지 않았으면 한다. 예측할 수 없는, 내일 생각할 부분도 조금은 남겨두어야 한다. 가만히 있어 보이는 하늘의 구름도, 바람 따라 서서히 움직이듯이 세상 변하지 않는 일은 없기 때문이다.

완벽한 한 해를 보내기 위해 완벽한 계획을 세우길 바라지 않는다. 조금은 여유 있는 마음, 자신에게 후한 인심을 선물하길 바란다. 내가 나를 아끼고 사랑하면 좋은 운은 반드시 다가온다.

억울한 부모가
억울한 아이를 만든다

"행복한 부모가 행복한 아이를 만들고, 억울한 부모는 억울한 자녀를 만든다." 초대를 받아 참석하는 학부모 대상 강의, 학부모 역량강화사업에서 자주 하는 말이다. 행복한 가정에서 자란 부모는 자연스레 아이에게 온화한 가정 분위기를 만들어 주지만, 힘든 성장 과정을 겪은 부모는 자녀를 위한다는 명목으로 명령과 지시로 아이들을 이끄는 경우가 많다.

이렇게 자란 아이들은 부모와의 소통이 쉬울 리가 없다. 인터넷으로 소통이 편한 시대, 굳이 무슨 필요가 있냐고 묻는다면 그것은 위험한 발상이다. 불통은 오해를 낳고, 오해는 억울함을 가져온다. 억울함이 해결되지 않고 청소년기를 보내버리면 평생 지울 수 없는 트라우마로 남을 수 있다.

살다 보면 여러 일들이 발생할 수 있다. 형제끼리 다툴 수도 있다. 일이 생기고 다투는 것에 초점을 맞춘다면 빨리 해결하거나 덮어두고 싶은 것이 사람 마음일 수 있다. 하지만 적절하게 일이 해결되지 못한 경험이 많으면 많을수록, 앞으로 살아가면서 대처능력은 떨어질 수밖에 없다.

성인이 되어 비록 몸은 다 자랐지만 어릴 적 응어리를 풀지 못하고, 적절한 대응법을 배우지 못한 성인은 문제를 직면했을 때, 당황하고 어쩔 줄 몰라한다. 트라우마로 마음에 새겨진 응어리는 무인도에 혼자 남겨진 느낌을 가져오기도 한다.

부모가 진정으로 아이와 함께 성장하고 코칭하기 위해서 해야 할 일은 무엇일까? 학교 성적이나 영어점수로서 아이를 인정해주고, 선물로 소통하는 것이 아니다. 인격, 그 자체로 사랑해주고 마음에 풀지 못한 응어리가 있다면 곁에서 쓰다듬어주고 때로는 말없이 함께 울어주는 것이다.

> "아이들, 부모의 소유(Have)가 아니라
> 존재(Be)로 대할 때,
> 새로운 관계형성은 이룰 수 있다."

소통이 어렵다는 부모들이 의외로 많다. 그들에게 말하고 싶다. 진정한 소통은 결과물에 대한 칭찬이나 인정이 아니다. 말하지 않더라도 곁에서 꼭 안아주는 것만으로도 소통은 시작된다. 사랑하는 우리 아이들, 생각보다 똑똑하다. 그들은 미래에 대한 계획을 하고 있다. 다만 그 곁에서 응원하고 소통하는 부모가 필요할 뿐이다.

이제 신학기가 시작된 지 한 달이 지나간다. 아이들에게 어느 학원이 좋을지 말하는 것보다, 새로운 친구들은 어떤지, 그들과 매운 떡볶이라도 함께 먹자고 말하는 부모, 그러한 용기가 사랑하는 아이들과의 소통, 첫 단추가 아닐까 생각한다.

삶과 죽음의 경계를
알 수 있다면

삶의 반대말은 무엇일까? 여러 답을 기대해보지만, 죽음이라 답하는 사람은 생각보다 적다. 그 이유는 한국 사회에서 죽음이라는 의미가 무척이나 부정적인 의미로 인식되어 왔기 때문이다. 그래서인지 우리는 예전부터 붉은색으로 이름을 쓰지 않았고, 멸(滅)을 뜻하는 죽을 사(死), 숫자 4는 될 수 있으면 피해서 사용했다. 피와 죽음을 상징하는 의미를 지녔기 때문이다.

삶이란 동전의 뒷면은 죽음임에도 불구하고 우리는 애써 죽음을 터부시하고 멀리하려 노력해 온 건 아닌가 싶은 생각마저 든다. 근대화 전, 의료기술이 발전하지 못하여 쉽게 고칠 수 없었던 여러 질병으로 환갑을 넘어 사는 경우가 드물었기에 무병장수를 바랐던 자손들의 바람은 아니었을지, 그래서인지 이런 모습은 평균 수명이 두 배 가까이 늘어난 오늘날 100세 시대에도 이어지고 있다. 삶은 싱그럽고 풍성하지만, 죽음은 어둡고 피해야 할 대상이라고 말이다.

동양과 서양에서 바라보는 죽음의 의미는 다소 다르게 해석되어 이견(異見)을 가짐을 알 수 있다. 서양에서는 죽음이란 다소 제삼자적 관점, 객관적인 시각에서 바라보는가 하면, 동양에서는 다소 주관적인 성향이 강하다. 이 이유는 국가마다 겪어온 사회적 환경의 차이에서 발생할 수 있고 그러한 성향들은 문학에도 영향을 미쳐 국가마다 다른 색을 표현하기도 한다. 또한, 종교적인 성향도 그 민족성에 많은 영향을 미칠 것이다. 한국을 포함한 아시아 지역, 인도에서 시작된 불교사상의 윤회론은 중국을 거치면서 죽음에 대하여 서양과는 다른 시각을 가지는 것처럼 말이다.

죽음의 사전적 정의는 무엇인가? '생명체의 모든 기능의 영구적인 정지'라는 말에는 모호한 점이 있다. 기능이 정지했더라도 종종 회복될 수가 있는데, 영구히 회복되지 않는 상태인 것은 어느 시점부터인지 판단하기 어려울 수 있다. 오늘 이 말을 하는 이유는 과연 육체적 죽음의 정의를 생각하기에 앞서 우리의 마음은 진정 죽지 않았는지를 묻고 싶기 때문이다. 비록 숨을 쉬고 있지만, 마음은 세상을 떠난 듯한 사람들, 그들은 정말 살아있다고 말할 수 있을까? 그들은 육체적 삶을 마감할 때, 어떻게 자신을 반추(反芻)할까?

말기 환자들을 돌보는 데 일생을 바친 간호사인 브로니 웨어(Bronnie Ware)는 죽음을 앞둔 사람들의 5가지 공통적인 생각에 대해 언급하였다. 육체적인 삶은 있으나, 마음이 죽어가는 이들을 위한 글처럼 보여 마음을 담아 옮겨본다.

죽기 전에 드는 후회 5가지

1. 남들이 나에게 기대하는 바가 아니라,
   있는 그대로의 나로 살아갈 용기가 있었더라면
2. 일을 그렇게 열심히 하지 않았더라면 좋았을 텐데
3. 나의 감정을 표현하고 살 용기가 있었더라면
4. 친구들과 연락을 잘하고 지냈더라면
5. 진정한 행복을 알 수 있었더라면

"했더라면"을 보면 이런 생각이 든다. 살아있을 때 그 어떤 위치, 환경, 모습이었어도 그리 어렵지 않았을 일들임에도 왜 그렇게 못했을지 말이다. 5가지조차도 기억하지 못할 이들을 위해 더 줄여 보자면, 이런 공식을 도출시킬 수 있다. 오늘의 나를 온전히 받아들이고, 적당한 휴식을 하며, 사랑하는 사람들, 친구들과 마음을 표현하며 사는, 그 속에서 행복의 의미를 찾는 것이다.

인간은 태어나면서부터 죽음을 향해 달리는 존재이다. 죽기 위해 달린다는 뜻이 아니라, 인간이 불멸(不滅)의 존재는 아니라는 뜻이다. 삶이 유한한 존재임을 인식할 수 있을 때 삶은 다르게 해석될 수 있다. 브로니 웨어의 말처럼 때늦은 후회를 하지 않을 방법은 의외로 간단하다. 그리 시간이나 돈도 들지 않는다. 할 수 있는 일은 미루지 말고 지금 해보자, 조금은 초연한 마음으로 오늘을 담담히 그려내 보는 것은 어떨까?

나는 강의 때 자주 쓰는 말이 있다. 영화 킹스맨에서의 대화, "태도가 전부이다(Attitude is everything)"라는 말이다. 삶을 바라보는 태도는 중요하다. 행복을 목적지로만 생각하는 태도에서 벗어나, 오늘을 감사하고 즐기는 태도가 중요하다는 것이다. 언제 올 지 모르는 파랑새만 끈질기게 기다리다가 시간만 낭비하는 오류를 범하지 않았으면 한다.

죽음이 두려울 수는 있지만 앞서 언급했던 말들에 기대어 살아간다면 행복이란 단어 앞에 당당해질 수 있지 않을까 생각해 본다. 삶과 죽음에 대한 주제는 아직 한국 사회에서 많이 다루지 않은 부분이긴 하지만, 초고령화 시대를 맞이하는 한국에서 생각해 보아야 하는, 우리의 행복을 위해 선행되고 풀어야 할 숙제이기도 하다.

몰입의
즐거움

몰입이라는 주제의 책들이 한때 유행한 적이 있었다. 「몰입의 과학」, 「몰입의 즐거움」 등 다양한 부분에서 몰입이라는 개념을 다각도로 조명하였다. 심지어 '인생을 바꾸는 자기혁명'이라는 카피까지 붙은 책을 볼 때면 몰입에 대한 궁금증은 더 커져간다.

과연 몰입이란 무엇일까? 내가 생각하는 몰입의 정의는 다음과 같다. 몰입, 어느 순간 완전히 시간의 개념을 벗어나 그 일과 일심동체가 되는 단계를 의미한다. 예를 들어 기타리스트가 신들린 기타 연주를 할 때, 그는 연주, 그 자체와 하나가 된다. 주위를 의식하지 않고 땀을 흘리며 몇 시간 연주해도 시간 가는 줄 모르고 지치지도 않는 상태가 바로 몰입이다.

혹시 음악을 좋아하지 않을 이를 위해 더 쉬운 예를 들어보자. 집에서 영화를 볼 수도 있지만, 일부러 극장을 가는 이유는 무엇일까? 바로 조용한 공간, 어두운 극장에서 영화에 집중하고, 몰입할 수 있기 때문이다. 영화를 보는 동안, 머릿속 맴돌던 고민도 잠시 잊게 된다. 영화 속 주인공이 되어 신나게 하늘을 날기도 하고, 비련의 여주인공이 되어 울기도 한다. 바로 몰입을 경험한 것이다.

그렇다면 몰입은 행복과 어떤 상관관계를 가질까? 펜실베니아 마틴셀리그만(Martin Seligman) 교수에 따르면 행복, 웰빙을 위한 5가지 원칙으로 PERMA를 언급했다. 즉 긍정정서(Positive emotion), 몰입(Engagement), 관계(Relationship), 의미(Meaning), 성취(Accomp -lishment)이다. 몰입은 인간이 행복을 느낄 수 있는 중요한 원소로 작용한다고 강조했다. 몰입이 행복을 위하여 반드시 가져야 할 필수요소까지는 아니지만, 몰입이라는 개념을 이용하여 우리는 행복에 쉽게 접근할 수 있다. 그래서인지 소위 회복 탄력성이 좋다는 사람들은 입을 모아 몰입의 중요성을 강조하고 있는지도 모른다.

우리 인생, 보이지 않는 수많은 갈등 속에서 기뻐하기도, 힘들어하기도 한다. 기쁜 선택을 할 때 행복하지만, 항상 선택이란 최선이 될 수는 없기에 반성을 하고 때로는 우울한 감정에 휩싸이기도 한다. 즉 삶을 날씨로 표현한다면 항상 맑은 날이 있지는 않다는 말이다. 비가 오기도 하고, 눈이 내려 밖을 나갈 수가 없는 날도 있으며, 때로는 태풍이 불어 자신을 보호해주고 있던 울타리가 무너지기도 한다. 하지만 비가 오고 태풍이 분다고 우리는 언제까지 동굴 안에서, 날씨가 좋을 때까지 기다릴 수만은 없는 노릇이다.

그렇기 때문에 우리는 몰입을 배워야 한다. 힘든 날이면 자신을 잊을 만큼 좋아하는 일을 찾아 힘든 시간을 잊기도 하고, 스스로 즐거움을 느낄 수 있는 기회를 만들어 도파민과 세로토닌 같은 행복 호르몬 분비를 인위적으로 만들기도 해야 한다. 즉 자급자족할 수 있는 행복, 몰입을 통해 만들 수 있는 것이다.

몰입을 위해 한 가지 방법을 제안하고자 한다. 바로 마음 챙김, Mindfulness이다. 아직 익숙하지 않은 이 단어를 어렵게 생각할 필요까지는 없다. 호흡을 통해 내 마음을 바라보는 시간을 갖는 것이다. 조용한 곳에서 자신을 바라볼 때 우리는 복잡하고 빠르게 흘러가는 세월 속에서 몰입을 위해 버릴 것이 보인다. 책장 안의 보지 않는 책들도 정리해야 한다는 생각도 들지만, 불필요했던 고민과 인간관계도 보인다. 이렇게 자신의 마음을 챙기는 시간이 정리되어야 몰입할 수 있는 여유와 공간이 생기는 것이다. 쉽게 말해 어지러워진 책상 위에 집중하기란 쉽지 않기 때문이다. 그냥 편하게 눈을 감고 몸과 마음을 내려놓는 시간을 가질 때 몰입의 힘은 더욱 강해질 수 있다.

몰입, 스트레스를 잊게 해주는 명약이기도 하다. 두통과 고민으로 다크서클이 턱밑까지 내려오는 날, 맥주 한 캔으로 마음을 달래는 것도 좋지만, 그 근심이 없어질 때까지 몰입 걷기를 권하고 싶다. 땀으로 온몸이 젖을 때까지 생각없이 걸어보는 건 어떨까? 마라톤과 걷기에 몰입이 되어 있는 사람들의 특징을 보면 대체로 몸과 마음이 건강한 편이다. 스트레스로 찌든 마음 역시, 걸으며 몸의 생체리듬이 정상화가 되기도 한다.

　행복해지고 싶다는 당신을 위해 하고픈 말이 있다. 몰입의 기회를 기다리지 말라, 인위적으로 몰입할 대상을 찾아라(대상은 당신이 생각하는 궁극의 행복과 가까우면 더 좋은 일이다). 그곳에 시간을 투자하여 몰입하라. 이것이 내가 생각하는 행복 경제학의 한 부분이기도 하다. 제한된 시간과 자원 속에서 우리가 행복할 방법은, 생각보다 많을 수도 적을 수도 있다. 오늘 언급한 몰입이 당신의 행복을 위한 보너스와 같은 한 주를 만들어주면 좋겠다.

언제 행복이
찾아올까요?

　동서양을 막론하고 오늘까지 이어지는 행복을 위한 절대 진리 중, 한 가지는 바로 '오늘을 살라'는 것이다. 인간은 다른 동물과 달리 생각하고 기억이란 기능을 가지며 미래를 계획하고 살아간다. 그래서 삶에서 일어나는 크고 작은, 그 모든 일에 나름의 의미를 부여하기도 한다. 지난 일을 추억이라 이름 붙이며 그리워하고, 다가오는 미래를 희망이라 표현하며 어제를 반성하기도 한다. 그러다 보면 정작 오늘이라는 명제가 어느새 사라지고 없다. 진정 오늘을 살고 있는가에 대한 물음에 당신은 자신 있게 말할 수 있는가?

　내가 지금껏 만난 많은 지식인은 모두 박식하였다. 하지만 그들이 모두 지혜롭다 말할 수 없는 이유는 '아는 것과 지혜로운 것'에는 확연한 차이가 있기 때문이다. 지식이 풍부하고 많다는 것은 배움의 영역이다. 하지만 그 지식이 인생에 행복감을 전해주는 절대적 촉매제 역할을 하는가에는 의문이 남는다. 만약 그렇다면 박사 학위를 가진 사람은 대부분 행복해야 한다는 공식이 성립되어야 하기 때문이다.

내가 말하는 지혜로운 사람은 많이 아는 사람이 아니다. 바로 오늘을 살아가는 사람이다. 지난 과거는 반성할 부분만 간직한 채, 다른 미련을 깨끗하게 버릴 수 있는 용기를 가진 이들이다. 하지만 많은 사람은 과거 자신이 인정받았던 시절이나 이미 깨어진 인연을 잊지 못한 채, 오늘을 받아들이지 못한다. 즉 과거의 그림자에서 벗어나지 못하는 오늘을 살고 있다. 그런 이들의 공통점은 무엇일까?

그들의 눈빛은 촛불처럼 흔들린다. 남들의 말에 쉽게 동요된다. 이유는 과거와 오늘의 모습 사이의 괴리감으로 나라는 주체가 없어 남들의 시선을 과도하게 신경 쓰기 때문이다. 남의 말에 휘둘리지 않을 수 있는 자존감이 종적을 감추어 버린 듯하다.

또 그들은 흔히 지난 과거를 즐겨 말한다. 그렇게라도 말하면 오늘의 불만족스러운 모습이 조금은 가려질 수 있을지 모른다는 서툰 변명 때문일까? 한때 아름다웠던 무용담에 잠시 미소를 짓기도 하지만 금세 현실로 돌아오면 기가 죽은 사람이 된다. 과거는 과거로 흘려보낼 때 추억이 아름다울 수 있다. 지난 시간을 애써 끄집어내어 회상하려고 할 때 사람은 스스로 초라해질 수밖에 없다. 오늘 내가 할 수 있는 일들이 없기에 과거의 영광이라도 떠올린다는 부질없는 삽질이 무언가라도 한다는 보상을 주기 때문일까?

지난 과거는 과거로 인정하고 받아들여야 새로운 오늘이 건강히 만들어질 수 있다. 어제와 같은 오늘을 살아서는 밝은 내일을 기약

할 수 없다. 나의 어제가 마음에 들지 않았다면 어제와 다른 오늘을 살 노력을 해야 한다. 맞고 틀림에 관계없이 새로운 사람을 만나려 노력하고, 하지 않았던 일을 두려움 없이 해야 좋은 운도 들어오는 법이다.

'Fortune(포춘)'이라는 책은 운이 들어오는 법칙에 대하여 다음과 같이 설명하였다. 삶이 힘들다고 느끼는 사람들이 철학관이나 점집을 찾는다. 그리고 언제 자신에게 행운이 올지, 삶이 잘 풀릴지 물어본다고 한다. 이렇게 미래를 궁금하게 여기는 사람에게 작가는 이렇게 말한다고 한다. "지금까지 살아오면서 불행했다면, 남은 생은 그만큼의 행복이 찾아올 겁니다. 그렇지만 한 가지 중요한 사실이 있어요. 그건 오늘을 열심히 살 때 가능합니다" 그렇다. 작가의 말처럼 오늘, 지금이라는 시간을 어떻게 보내는지가 정말 중요하다. 아무리 사주팔자가 좋다고 하더라도 누워서 감이 떨어지는 것만 바래서는 감을 먹을 수 없다. 아니 종일 목을 빼고 기다리다 목디스크가 올 수도 있는 일이다.

세상에서 가장 중요한 3가지 금이 있다. 지구의 절반 이상을 덮고 있는 바다는 소금으로 이루어져 있고, 소금 없이 인간이 살기는 어렵다. 그리고 황금이다. 작지만 반짝이는 희소성 있는 금속을 우리는 소중하다고 생각한다. 마지막 한 가지 금은 바로 지금이다. 내가 행복하게 살지, 불행하게 살지, 내가 지금 어떤 씨앗을 내 인생에 뿌릴지는 바로 지금 우리의 마음, 지금에 따라 달려있다.

삶의 황혼에 접어든 인생의 선배들은 말한다. 궁극적인 행복을 위해 학력과 재력은 반드시 중요하지 않다고 말이다. 물론 남들 눈에 보여지는 것을 우선으로 여기는 이들에게는 또 다른 이야기가 될 수 있을지언정, 지식이 행복의 가늠자가 될 수 없고, 통장 잔고가 행복을 의미하지는 않기 때문이다. 오늘이라는 소중함을 제대로 알고 사는 사람이 진정 지혜로운 사람이다. 그리고 그들은 행복의 방정식을 이미 알고 있는 사람들이다.

행복하시나요?
행복과 늘 가까이 하시는지요?

행복에 대하여 남들보다 더 많이 생각하고 글을 쓰고 강연하는 사람이라 행복과 관련된 질문을 자주 듣는다. 나 역시 정신과 선생님들을 만나면 '당신의 정신은 늘 건강하시지요?'라고 묻는 것과 크게 다르지 않을 듯하다.

얼마 전 만난 유명대학 정신과 교수님과의 저녁 초대, 소소한 이야기들이 오고 갈 무렵 어김없이 나는 습관처럼 물어보았다. 교수님은 행복하신지요라고 말이다.

교수님의 답은 평소 나의 생각과 크게 다르지 않았다. "저도 인간인데 당연히 힘들때도 있지요. 하지만 남들보다 시련에서 빨리 나오는 것 같아요." 그의 말끝이 흐려지는 것이 인간이라면 누구나 어쩔 수 없이 경험하는 고통이구나라는 생각이 들었다.

사실 살면서 가만히 생각해보면 마음이 100% 행복으로 가득 찬 때가 있었을까? 아니, 그런 순간은 없었을 것이다. 무엇하나라도 걱정이 구석에서 마음 밖으로 나올 준비를 하고 있었을테니까 말이다.

내가 마음공부를 하며, 그리고 마음이 아픈 분들과 치유대화를 하면서 깨달은 사실 하나가 있다.

누구나 힘들다. 하지만 그 힘든 순간에만 집중하게 되면 점점 더 늪에 빠지게 된다.

힘든 순간을 어떻게 할 수 없다면, 마음에서 분리시키는 연습을 해야 한다.

이 글을 쓰는 나 역시 마음속에 아직 꺼지지 않은 고민의 불씨가 타고 있다. 가만히 웅크리고 앉아서 그 일에만 집중하면 정작 해야 할 일은 어떻게 될까? 물론 좋은 핑계나 변명거리는 되어 남들 볼 때 이유야 되겠지만, 남들이 뭐가 중요한가, 아까운 당신의 시간이 지나가는데 말이다.

힘든 시간의 부피나, 좋은 시간의 부피나 모두 같다.

고민과 고통의 시간으로 내 마음이 힘들다면, 분리하는 연습을 해야 한다.

걱정한다고 해결되는 문제는 없다.

그래서 내가 좋아하는 말, 이 한가지만 기억하면 좋을듯하다.

진인사하고 대천명하라

당신 스스로 하늘에 우러러 부끄럼 없이 최선을 다했다면, 더이상 할 일은 없는 것이다.

그러니 불안해하지 마라
하늘의 뜻을 겸허히 기다리면 된다.

여러 종교에서 말하는 공통되는 교집합적인 이야기도 오늘 나의 이야기에서 벗어나지 않을듯하다.

눈을 감아보라,
폭풍우처럼 당신의 몸과 마음을 휘감는 그 불안함이 아직 남아 있다면 그 실체를 보아라.
어쩌면 당신은 두려움으로 커진 그림자만 보고 떨고 있을지 모를 일이기 때문이다.

진인사하면 우리는 더 당당해질 수 있다.
왜냐하면 더이상 할 수 있는 일이 없기 때문이다.

나는 당당한 사람이 좋다.
귀한 삶에 직무유기하듯 사는 사람을 멀리한다.

귀한 시간,
다시 돌아오지 않을 오늘,
고통과 분리하는 연습을 해보자.

행복을 바라는
치유상담

모든 학문의 궁극적 목표는 무엇이라 생각하는가? 나의 주관적인 답은 바로 행복이다. 집을 짓는 건축학도 인간이 편하고 행복한 생활을 할 수 있는 공간을 마련하는 것이고, 맛있고 몸에 좋은 음식을 연구하는 식품영양학 역시 인간의 오감을 만족하게 하는 행복을 빼놓을 수 없을 것이며, 더군다나 삶을 배우는 철학도 행복이라는 귀결점을 가진다. 이런 행복이란 대명제 앞에서 오늘을 살아가는 우리의 모습은 어떨지 궁금하다. 같은 생활의 반복, 비슷한 패턴으로 살면서 정작 중요한 것은 놓치며 살고 있지는 않을지….

난 치유 상담을 하는 전문가이다. 내가 하는 일이 특별하기는 하나 그리 거창한 일은 아니다. 남들보다 인생에 관한 책을 조금 더 많이 보고, 마음이라는 문제에 대하여 조금 더 생각하고 책을 쓰며, 마음이 어지러운 사람들을 도와 상담하는 것이다. 거창하진 않을 법한 이러한 일들 속에서도 감사하게 나의 도움을 바라는 사람들에게 내가 진행하는 치유 상담의 공통점은 무엇인 줄 아는가? 바로 반복되는 생각의 프레임에서 벗어나 다른 시각으로 삶을 바라보는 시간을 갖게 만드는 일이다. 우울함이란 늪에 빠진 사람은 자기 생각, 그 자체로 세상을 만들고, 미래를 어둡게 그리며 절망하고 포기하기 쉽기 때문이다.

얼마 전 나를 찾은 50대 중년 여성의 이야기를 들려주고자 한다. 그녀의 삶이 우리 현대인들과 그리 다르지 않음을 느껴보며 당신의 오늘도 조용히 살펴볼 시간이 있었으면 한다.

"박사님, 저는 열심히만 살았지, 가정에 대해서는 무심했던 것 같아요. 남편은 있어도 그냥 같이 사는 사람일 뿐이죠. 최소한 지금은 그런 거 같아요. 아이들이 대학 졸업하면, 그때 여유를 가질 거라 생각해요. 그런데 말이죠, 결혼 후 수십 년이 흐른 오늘, 가정이라는 느낌이 거의 없어진 것 같아요. 그래서 요즘 늘 짜증만 나고, 같이 사는 사람들의 마음도 메말라가는 것 같아요. 어떻게 하면 좋을까요?"

이렇게 시작된 그녀의 질문, 나지막한 목소리였지만 간절함이 묻어난 떨림 속에서 나는 잠시 커피잔을 들며 생각에 머물다 대답 대신 3가지 질문을 그녀에게 하였다.

1. 가족이란 울타리는 있지만, 그 안에 온기는 없어 보여요. 제가 다시 물어보죠. 울타리가 중요한가요, 온기가 중요한가요? 요즘 아이들, 저희 때와 달리 독립심이 강해요. 그래서 부모

라는 울타리에 너무 마음을 두지 마세요. 무엇을 해주어야 한다는, 부모는 반드시 이래야 한다는 마음을 내려놓으세요. 그 대신 가족이란 온기를 울타리에 넣어 보세요. 부모는 신이 아니에요. 힘들 때는 가족들에게 나 힘들다고 말하세요. 그래야 그들도 알 수 있습니다. 그늘에 혼자 감추는 눈물로 당신의 수고를 알아주는 사람은 없어요. 그러니 안아달라고, 조금 쉬면 어떨지, 다른 어떤 방법이 좋을지 함께 이야기해보세요. 그러면서 가족은 더 따뜻해지는 법이니까요.

2. 서로의 즐거움을 찾아보세요. 당신은 돈을 벌기 위해 태어난 사람이 아닙니다. 그 돈을 왜 벌고 있는지 생각해보셨나요? 노후에 편히 살 자금을 마련하기 위해, 아이들 시집 장가 보내기 위해서? 당신이 한 모든 답에 '오늘'이라는 시점은 빠져 있어요. 모두 미래를 위한 생각과 계획으로 오늘은 무시되고 희생되어 보여요. 오늘의 당신은 행복하지 않아도 되나요? 50대 행복의 가치와 80대의 가치 비중이 다른가요? 그렇지 않지요. 가족이 행복해질 시간을 한번 찾아보세요. 제가 아는 어떤 가족은 모두 바쁘게 살아도 일 년에 한 번은 꼭 함께 여행을 가요. 한 명씩 가고 싶은 곳을 정해서 말이죠. 이번에는 막내가 가고 싶다는 제주도를 이틀 만에 다녀 왔더라고요.

3. 가족회의를 해본 적이 있나요? 예전 저희 부모님들은 의무적으로 한 달에 한번 가족회의를 하였어요. 지난 한 달 있었던 일에 대하여 그리고 앞으로 한 달의 계획에 대하여 함께 이야

기하고 미처 몰랐던 사실에 대하여 공감하고 응원해주는 시간이었지요. 그때는 다소 구시대적 발상이라 싫어하기도 했지만, 세월이 흐른 요즘 더욱 생각이 나요. 가족끼리 식사시간에도 핸드폰을 바라보고 말없이 있다가 각자 방으로 들어가는 세상, 더욱 대화가 실종된 환경에서 내 마음을 알아달라고 말하는 것은 무리이고, 알 수 있다는 것은 기적일 수 있지요. 그래서 한달에 한번, 찐 가족회의를 권합니다.

마지막으로 그 누구에게도 기대하지 마세요. 사람은 본능적으로 보상을 바라는 동물이라 쉽지 않겠지만 말입니다. 내가 어떤 것을 해주었다면 그것으로 잊어버리세요. 이 일을 내가 해주었으니 아이들이 더 좋아지겠지, 내가 이 사람을 위해 희생하였으니, 반드시 이 정도는 다음에 해줄 거라는 마음을 먹는 순간, 당신이 전하려 했던 그 마음의 온도와 색은 달라집니다. 그리고 상대도 그 사실을 언젠가는 알게 됩니다. 내 마음이 행복해지는 순간은 누군가에게 해준 바로 거기까지만입니다. 더 이상 진도가 나가면 그때부터는 당신이 한 일에 당신의 감정이 쫓기게 되지요. 상대가 알고 보답하는 것은 당연한 것이 아니라 어쩌면 보너스입니다.

3가지 나의 질문에 그녀는 고개를 연신 끄떡이며 맑은 눈빛으로 나의 말을 경청하고 있었다. 사람이 힘들 때 해결할 수 있는 근원적인 방법은 스스로에게 바른 질문을 하는 것이다. 하지만 그 질문은 마음의 여유가 있고 힘이 있을 때 가능하다. 그래서 치유 상담을 통해 자신에게 바른 질문을 하고 싶어 하는 분들이 내게 연락하는 이유인 듯하다. 세상을 살아가는 방식, 모든 학문이 공부하는 형식은 다를 수 있지만, 그 결론은 바로 내가 그리고 우리가 행복하는 것임은 분명하다.

이 글을 읽는 당신의 오늘이 행복으로 물들길 바라본다.

정답이 없는 세상 속에서
행복하려면

'세상에 정답은 없다'라는 말이 있다. 다양한 사람들이 서로 다른 생각으로 살아가기에 천편일률적인 답은 존재할 수 없다는 논리, 공감한다. 정답은 없어도, 정답에 가까운 생각들의 집합을 우리는 보편적 개념이라 한다. 어떤 당위성이나 의무를 말하는 것이 아닌 사회적 통념들 속에서 우리는 어떻게 하루를 살아가고 있는가?

갈수록 진보되는 과학과 의료 문명의 혜택으로 인간은 건강해지고, 환경적 안전성은 높아지고 있다. 다시 말해 특별히 위험한 곳을 찾지 않는 이상, 오래 살 수 있다는 말이다. 마치 불로장생의 예고편을 보는 듯한 이 안락함 속에서도 마음속 행복 그래프는 그와 정비례한 우상향 곡선을 그리지 못한다. 과연 그 이유는 무엇인가?

결론적으로 말하자면 정답이 없을 만큼의 개성 강한 세상에 살면서도, 우리의 어제와 오늘은 크게 다르지 않다는 것이다. 어쩌면 미래예측되는 삶이 때로는 무미건조할 수 있다는 말이다.

메말라가는 시간 속에서 우려되는 문제는 바로 성취감의 부재(不在)이다. 스탠포드 긍정심리학에서 행복을 위한 조건 7가지를 기술하였고, 그중 한 가지는 바로 '성취'였다. 이는 펜실베니아 대학의 마틴 셀리그만 교수의 의견과도 같다. 성취라는 사전적 정의는 '목적한 바를 이룸'이고, 불교에서는 '득(得)'이라 해석하기도 한다. 목적한 바를 이루기는 쉽지 않고, 불교 최고의 단계인 깨달음, 득을 얻기란 더욱 어려운 일이다.

　21세기 현대인들이 행복의 조건 중, 성취감을 느끼는 것은 어려운 일일 수 있다. 힘든 일, 위험을 원하지 않는 전반적인 트렌드와 그 개념에서 벗어나기 때문이다. 더군다나 극도의 짜릿한, 그리고 오랫동안 유지될 수 있는 성취감이란 감정은 하루아침에 이루어지는 것이 아니라는 것을 우리는 잘 알고 있다. 역경과 고난의 시간 후에야 가질 수 있는 감정이기 때문이다.

　얼마 전 지인과의 대화이다. "무슨 일이든 다시 해야 하는데 자꾸만 자신감이 떨어져요. 쉽게 일을 시작하기도 어렵고, 하다가 중간에 그만두는 일이 많아져서 고민이에요. 어떻게 해야 할지 모르겠어요."

　지천명의 나이에 접어든 그, 명퇴를 하면서, 자신감마저 회사에 반납하고 온 듯한 얼굴로 나를 쳐다본다. 회사라는 울타리에서 벗어나 야전으로 뛰어든 그에게 지금 가장 시급한 것은 바로 도전정신이었고 자신감이다. 하지만 이 단어들이 그의 마음에 흡수되지 않을 것을 잘 알기에, 그리고 어쩌면, 오늘이 힘든 이에게 이론만 강조하는 가혹한 고문일 수 있다는 생각이 들었다.

사람은 자신감이 없을 때 자존감에 영향을 받는다. 작은 충격에도 마음이 상하고, 남들의 뒷이야기에 온 정신을 빼앗겨 버리기도 한다. 그래서 자신감과 자존감이 낮을 때 행복지수도 낮을 수밖에 없다. 그래서 그에게 현실적인 방법 하나를 조용히 건네보았다.

"지금 상황에서 행복을 바라는 일은 무리일 것이라는 것을 알고 있어요. 하지만 내가 말하는 대로 한번 해보세요. 그리고 한 달 후에 다시 만나요."

이렇게 말한 나의 주문은 다음과 같았다.

작은 일에도 반드시 계획을 세우고 그 일을 이루었을 때 자신에게 칭찬하는 것, 그리고 그 칭찬은 말로 그치는 것이 아니라 자신에게 보상할 것, 이렇게 한 달 후에 만난 그의 얼굴은 마치 곱게 화장을 한 듯 밝게 빛나고 있었다.

"교수님, 정말 신기하네요. 평소에 늘 하는 일이었지만, 작은 일들에 성공이라는 이름을 붙여주고, 자신에게 칭찬과 보상을 하니, 너무 좋아요. 그래서인지 주위에서도 달라졌다고 말하고, 어제는 새로운 일을 제안받기도 했어요. 감사합니다."

사람은 편안할 때 행복감을 느끼지만, 순도 높은 행복은 지난 힘든 시간이 있었기에 더 가치를 느끼는 법이다. 타는 듯한 한여름, 시원한 에어컨 아래에서 마시는 커피 한잔과 야외에서 열심히 일하고 마시는 냉수 한 모금이 주는 행복의 부피는 다를 수밖에 없다. 그 물의 온도와 양이 비록 같더라도 말이다.

다시 말해 행복을 느끼기 위해서는 어려운 일에서도 이겨낼 수 있는 마음, 그 용기가 성취를 만들어 내는 포인트라 할 것이다. 힘들다고만 해서는 그 힘듦이 나아지지 않는다. 비록 작은 움직임이지만 몸과 마음을 일으켜 세워 무엇인가 이루었다는 기분이 들게 하라, 그리고 그 작은 성취감에 자축하라, 그 경험들이 당신을 더욱 빛나게 할 것이다.

작은 시도와 도전을 끊임없이 하라, 그리고 성공에 자축하고 보상하라. 그것이 어제와 같은 오늘을 살지 않을 행복의 시작이다.

내려놓음

첫인상은
배신한다

세상에 완벽함이란 존재하지 않는다. 그렇기 때문에 절대적이란 말도 성립되기 어렵다. 그래서 인간관계에서 완벽함, 절대적 존재라는 말은 여간해서 사용하지 않는다. 절대라는 전제 조건이 무너질 때 비로소 우리는 관계라는 프레임에서 자유로워질 수 있다. 세상이 만들어 놓은 틀에서도, 내 마음에서도 말이다.

고대 그리스 철학자 아리스토텔레스는 최고선(最高善)을 행복이라 말했다. 하지만 칸트는 최고선과 최상선을 구분하며, 행복보다는 도덕적 이상을 이루는 것이 중요하다고 강조했다. 이처럼 세기를 뛰어넘는 위대한 철학자들의 생각마저 각기 다르다. 하지만 완벽과 스피드를 중시여기는 의식이 팽배해진 우리 사회에서 진정한 최고선은 무엇일지에 대한 반문은 여전히 남는다. 비난받지 않을 정도의 보편적인 의식을 무의식중에 강요받는 21세기에 엉뚱한 질문이 될지 몰라도, 행복을 위하여 나는 묻고 싶다. 과연 시대트렌드가 함의하는 이러한 내용과 당신의 마음은 무사히 공감이라는 감정선 위에서 조우(遭遇)하는지 말이다. 이 물음에 대하여 가는 길을 멈추고, 오늘을 한번 돌아보자.

흔히 말하는 '많이, 빨리'라는 단어들의 정의와 그 느낌은 어떠한가? 책을 많이 빨리 볼 수 있다면 좋을 것이다. 사람도 많이 빨리 만나면 좋을 수 있다. 하지만 많이 만나는 사람과 빨리 읽은 책들을 볼 때 과연 그들의 삶에 얼마나 도움이 될지는 모를 일이다. 많이 보는 것은 안 보는 것보다는 좋다. 하지만 많이 빨리 보는 것들의 단점은 그만큼 빨리 잊혀진다는 사실과 중요한 점을 쉽게 지나칠 수 있다는 의미도 내포되어 있다. 마치 자랑이라도 하듯이 책을 수백 권 읽었다, 내 핸드폰에 수천 개의 전화번호가 있다는 이런 말들이 과연 그들의 행복을 대변할지는 모를 일이다.

초등학교 친구 한 명이 있다. 그는 볼 때마다 자랑 일색이다. 내가 누구를 만났다고, 누구를 안다면서 말이다. 그의 말을 들을 때면 몇 달 만에 그렇게 새로운 사람을 많이 만날 수 있을지에 대한 의문마저 든다. 그리고 마치 자랑이라도 하듯, 본인의 SNS에 같이 찍은 사진을 올린다. 처음 보는 사람은 이 사람도 대단한 사람이겠다는 생각이 들지 몰라도, 어느 정도 그를 아는 이들이 보면 다른 생각이 들 것 같다. "한두 번 보는 것이 뭐가 그리 중요할까? 과연 그 만남에서 무엇을 얻을 수 있을지" 말이다. 이런 생각의 끝에는 그를 향한 안쓰러움까지 든다. 그 친구의 정체성은 무엇인가에 대하여 말이다.

자기 PR의 시대라 영업적으로 활용한다고 이해할 수 있다. 하지만 세상을 어느 정도 살아본 사람이라면 진정성 있는 사람을 더 원하고 있다. TV에서 조명된 식당이라도 주인장의 진정성이 없으면 그리 오래 성장하지 못한다. '첫인상은 배신한다'라는 책 제목도 있듯, 사람 역시 48시간 이상 끓인 육수만으로 손님을 맞는다는 뚝심 있는 주인장처럼 오래 보아야 제대로 보이는 법이다. 첫인상이 중요하다고 하지만, 사람은 많이 겪어보고 만나보아야 그의 본심을 느낄 수 있다.

조금 더 많은 것을 바라고, 조금 더 빨리 목적을 이루고자 하는 것은 본능이다. 하지만 인간은 동물과 다르다. 바로 이성이 있기 때문이다. 이성은 본능을 조절할 수 있다. 그래서 소위 말하는 위대한 사람들은 본능보다 이성의 목소리에 귀를 기울였다. 이성은 교육으로 다듬어질 수 있다. 조금 더 느려도 괜찮다는 식의 마음 자세가 필요한 시대이다. 아니 조금 더 느려야 한다. 특히 우리 사회는 그러하다. 너무나 빠르게 흘러가는 세월을 발전이라는 이름으로만 현란하게 포장해서는 우리가 꿈꾸는 행복은 사상누각이 될 수 있기 때문이다.

인문학의 복귀, 인문 르네상스를 주창하는 학자들과 작가들이 있다. AI 시대 아날로그적 발상이라며 고개를 돌리는 사람은 여전히 많다. 그도 그럴 것이 주제에 맞는 질문만 잘 하면 순식간의 시인보다 더 그럴듯한 시(詩)가 나오는 시대, 그들이 설 곳은 없을지 모른다고 했다. 하지만 인문학이라는 것을 학문적인 관점에서만 볼 것이 아니라, 오늘을 살아가는 삶의 태도를 배우는 시간이라 생각하면 어떨지 모르겠다.

　세상의 완벽함이란 존재하지 않는다. 다만 완벽을 좋아하는 사람들의 바람일 뿐이다. 완벽과 빠름을 너무 좋아하지 않았으면 한다. 성장은 항상 느림 속에 있었고, 그 느림 속에서 느끼는 외로움과 독백이 성장의 자양분이었음을 잊지 않았으면 한다.

좋은 운을 만드는 법은
무엇일까?

세상을 어느 정도 살다 보면, 자신에게 좋은 운이 오는 것을 직감적으로 느낄 때가 있다. 또한, 반대로 나쁜 일들이 이어지거나 예견되는 시기가 오기도 한다. 과학적인 근거에 따라 공식화할 수는 없지만, 우리의 이마에 깊은 골이 생기고, 머리가 흰색으로 물들여 갈 때면 우리는 오감을 넘어선 감각으로 삶에서 흐르는 운을 감지하기도 한다.

인생이란 무대에 오르면, 누구에게나 조명이 잠시 꺼지는 순간이 찾아온다. 굴곡이 있는 인생 여행, 오르막이 있으면 내리막이 있다. 하지만 내리막을 어떻게 경험하고 내면에서 복기하여 승화시키느냐에 따라 다음 찾아올 오르막을 성장의 발판으로 삼기도 하지만, 힘든 시련의 도전으로 받아들일 수 있다.

당신의 운이 애처로울 정도로 좋지 않았다면, 이제서야 삶의 희망을 조금이라도 맛볼 시간이라 여겨진다면 오늘 하루, 깨어있기를 권해본다.

즉, 삶을 조용히 조망해보라는 말이다.

좋은 운이 오는 것은 새로운 삶에 문을 여는 신성한 일이다. 그러기에 우리의 몸과 마음은 좋은 운을 맞을 준비를 하여야 한다. 좀 더 쉽게 말해보자면 과거 지저분한 인연과 사고의 틀에서 벗어날 필요가 있다는 말이다. 새로운 물은 새로운 그릇에 담는다는 말이 있듯이, 과거 당신을 힘들게 하였던 인연들을 정리할 필요가 있다는 말이다. 그러기 위해서는 반드시 오늘 당신의 마음이 깨어있어야 한다.

나에게 기쁨보다 근심을, 격려보다는 근거 없는 걱정만 보내는 주위의 시그널을 차단해야 한다. 하지만 과거 익숙한 관계, 얼룩진 사랑으로 포장되었던 그 시간들 속에서 자신을 방치해두지 않아야 한다. 언젠가는 도움이 될 거라는, 언젠가는 다시 돌아올 거라는 헛된 망상에서 자신을 탈출시켜야 한다.

직무유기라는 말이 있다. 회사에서만 쓰는 말이 아니다. 자신의 소중한 삶을 가장 아끼고 보호해야 할 사람은 바로 당신이다. 하지만 과거의 틀에 묶여 좋은 운을 맞이할 준비를 소홀히 하고 있다면 그건 가장 큰 직무유기가 될 것이다.

외롭다고 함부로 만나지 말라
시간이 있다고 아무 일이나 하지 말라

성숙과 성장은 혼자 있을 때 비로소 시작된다. 시끄러운 상황에서 성장되는 것은 아무것도 없다. 우리의 몸도 마음도 마찬가지이다.

새로운 좋은 운의 씨앗은 외로움의 토양 위에서 자란다. 성장하는 모습을 보고 우주의 섭리가 당신에게 좋은 운을 내려준다. 지금 당신의 머리를 어지럽게 하는 사람이 있다면 반드시 정리할 용기를 가져야 한다. 그래야만 좋은 운을 받을 준비가 된 것이다. 준비 없이 시작된 일은 오래갈 수 없는 법이다.

지금 눈앞에 시작되는 일들이 얼마만큼 성장할지는 당신에게 달려 있다. 새로운 그릇에 새로운 대운을 담을지, 아니면 버려야 하는 냄새나는 인연에 담을지 말이다.

깨어있어라,
그래야만 세월의 흐름 속에서
다가오는 운을 볼 수 있다.

21c,
처세와 겸손의 상관관계

　'처세(處世)'의 본래 뜻은 '사람들과 사귀며 살아간다'는, 한마디로 표현하자면 '처세'는 '인생'이다. 종교와 철학이 더는 현대사회 당면 과제를 해결하기 버거운 시대, 잘 살아가기 위해 개인이 선택해야 하는 그 무엇이다. 이 때문인지 처세라는 화두는 문명의 탄생부터 시작되었고, 동서고금을 막론하고 스테디셀러에 빠지지 않는 주제이기도 하였다. 쉬울 것 같지만 참으로 어려운 문제라 인생의 황혼기에서도 아직 정립되지 못한 사람이 의외로 많다. 오늘은 처세와 겸손의 상관관계에 대하여 생각해보고자 한다.

　먼저 내가 나를 어떻게 규정하고 대하느냐에 따라 세상 사람들 역시, 같은 수준으로 당신을 대함을 기억하자. 예로부터 겸손을 미덕으로 삼는 우리나라이지만 세월이 흐르고 시대가 변해감에 자기 PR이 필요하다고도 한다. 그래서인지 겉으론 화려한 이력을 갖추고 있는 것 같지만 몇 마디 이야기하다 보면 쉽게 속이 들여다보이는 사람들이 적지 않다. 이와 반대인 사람들도 있다. 충분한 자질과 경험이 있으면서도 너무 과도한 겸손으로 오히려 자신을 평가절하시키는 사람들이다. 있는 사실에 근거하여 그대로만 보여주면 좋을 세상, 때로는 너무 잘난척하거나 비굴할 정도로 자신을 낮추는 사람의 근본은 어떠할까?

사람마다 자라온 환경이 저마다 다르기에 자극에 대한 반응 역시 다를 수밖에 없다. 하지만 한 가지 기억해야 할 처세가 있다면 중용(中庸)이다. 중용은 사서오경에 속하는 경전 중 하나로 세상을 살아가는 데 있어서 지녀야 할 자세와 태도를 제시하였다. 영어로는 Doctrine of the Mean, Middle Way, 즉 중도를 지킨다는 의미로 풀이된다. 겸손 역시 너무 지나칠 정도가 되어서는 안 된다.

오래전 선비가 존중받던 시대에서는 삶에서 멈춤이 미덕이었다. 그래서 나를 돌아보고, 주위 사람들과의 거리도 돌아볼 시간이 분명 존재하였다. 그러나 요즘 시대, 영화 한 편도 다 보지 않고 요약본이 더 유행하는 분초 시대에 사는 우리이기에 남들이 알아서 대해 줄 거라는 기대는 하지 않는 것이 좋다. 그럴 시간도, 마음에 여유도 현대인들에게는 없다.

많은 경험으로 주변 사람들을 성심껏 도와주는 중소기업 대표 A 씨, 평소 조용한 성격에 말보다 행동으로 답하는 사람이라 개인적으로 좋아한다. 그런 그가 가끔 이런 말을 하곤 한다. "잘해주니 그것이 당연한 권리인 줄 알고, 계속 요구만 하네요, 내가 준 것을 돌려받을 마음은 없어요. 하지만 최소한 고마워할 줄 알았으면 좋겠네요" 이렇게 말하는 그의 눈빛에는 주위 사람들에 대한 아쉬움이

담겨 있었다.

그런 그를 떠올려보면 그에게서도 한 가지 문제점을 발견할 수 있었다. 누구를 대할 때 자신의 존재감을 잊고 대하는 것이다. 충분히 위엄 있게 말해도 될 자리에서 그는 상대를 존중한다는 의미에서인지 마치 순진한 학생처럼 행동하였다. MOU, 사업 전 작성하는 양해각서를 쓰는 자리이면 동격으로 사업 파트너로서 인사하는 자리, 하지만 그는 겸손이 지나쳐 스스로를 하청업체 대표인 것처럼 말하고 행동하고 있었다. 첫 만남, 첫 이미지에서 이미 그는 스스로의 위치를 만든 것과 다름이 없었다.

말하지 않아도 다 알아서 대해 줄 것이라는 착각 속에 살면 안 된다. 갓 태어난 아기도 울어야 밥을 주듯이, 사랑도 표현해야 하고, 사업도 의견을 제대로 낼 줄 알아야 한다. 겸손하지 못한 무례함을 의미하는 것이 아님을 기억하라, 우리에게는 표정을 지을 수 있는 얼굴이 있고, 의사를 전달할 수 있는 말과 글이 있다. 그러함에 적절한 표현은 자신을 지키는 길이다.

잘해주고도 싫은 소리 듣는 사람들의 공통점을 보면, 대부분 마음이 여린 사람들이다. 측은지심에서 시작되어 주변 사람들을 도와주지만, 시간이 흐름에 힘이 부칠 때도 있고, 환경이 바뀌고 관계도 변할 수 있다. 그렇지만 그들은 초심(初心)대로 해야지만 관계유지가 가능하다 믿고, 자신이 나쁜 사람이라는 누명을 쓰지 않으려 전력투구한다. 하지만 시간아 흘러 결국 도움이 끝날 시간이 오면 상대는 오히려 난색을 보인다. 과연 누구의 잘못인가? 내가 더 나를 존중하고 아끼었다면 그리고 나의 마음 중심에 내가 있다면 적절한 표현으로 타인과의 관계도 달라졌을 것이다.

21세기 처세는 사람을 사귀며 살아가는 것, 하지만 중용의 도(道) 안에서 사람을 만나고 인생을 그려나가야 할 것이다. 너무 겸손하지도, 너무 거만하지도 않은, 자신에게 무게중심을 둔 타인과의 적절한 관계 유지가 필요한 시대에 살고 있지 않은가 생각해본다.

마음치유를 위한
3 Step

"교수님, 요즘 날씨 탓인지 제 마음이 예전보다 더 우울해지는 것 같아요. 가만히 생각해 보면 특별한 일도 없는데 에너지가 늘 바닥이고 하는 일마다 머피의 법칙처럼 자꾸 꼬이는 것만 같아요. 너무 힘든데 해결 방법이 없을까요? 좀 도와주세요."

며칠 전, 마음치유 심리상담을 진행했던 에스테틱 원장님의 첫 마디였다. 자리를 비울 수가 없어 직접 방문해 달라는 부탁에 원장님이 계신 샵으로 가게 되었다. 크진 않았지만, 정리정돈이 잘된 인테리어, 직원들의 태도에서 전반적인 느낌이 전달된다. 직원의 안내로 들어간 원장실, 수줍게 건네는 명함을 받으며, 우리의 마음치유 대화는 그렇게 시작되었다.

'떨리는 목소리, 흔들리는 눈빛' 그동안 여러 마음고생을 많이 하였을 그가 보인다. 환경의 변화로 점차 가중되는 부담, 직원들 사이 보이지 않는 미묘한 감정 다툼들이 그를 무척이나 힘들게 한 것 같았다.

상처 난 마음을 치유하는 방법은 사람마다 다르다. 그래서 이야기를 충분히 들어보고 공감하고 또 물어보아야 한다. 2시간의 걸쳐 이루어진 대화, 그녀에게 건넨 자존감 회복을 위한 처방전은 다음과 같았다.

1. 리셋 버튼 누르기

일이 꼬였다고 생각하고, 어디서부터 풀어야 할지 모른다면, 리셋 버튼을 활용하면 된다. 누구나 쓰고 있는 우리 스마트폰을 보면 전원 버튼 아래에 리셋 즉 '다시 시작하기' 버튼이 보인다. 종일 사용한 핸드폰, 수많은 앱(App.)의 사용으로 크고 작은 충돌과 오류가 내부적으로 일어날 수 있다. 그래서 AS 전문가들은 하루에 한 번씩은 리셋 버튼을 눌러야 한다고 한다. 그래야 오래 문제없이 사용할 수 있다고 말이다.

우리의 마음도 마찬가지이다. 일도, 사람도 풀어야 할 시작점을 모른다면, 다시 시작하면 되는 일이다. 반드시 1월 1일이 되어야 시작할 수 있는 일이 아니다. 과감히 버리고 시작할 줄 알아야 한다. 그게 바로 인생 내공이 강한 현자들의 삶의 지혜이다. 소위 증권계에서 말하는 '손절'이기도 하다. 아깝다고 들고 있으면 그 근심은 마음의 무게로 더해질 뿐이다.

2. 롤모델처럼 살아가기

리셋 버튼으로 모두 초기화가 되었다면 무엇을 해야 할까? 초기화가 깔끔히 안되었다고 반문하는 이도 있을 것이다. 괜찮다. 세상에 완벽한 일은 없을 테니 말이다. 초기화 이후가 중요하다. 그냥 가만히 두면 마음이라는 밭에는 또 다시 쓸데없는 근심과 걱정이라는 잡초들이 스멀스멀 올라올 테니 말이다.

롤모델을 정하고 그를 벤치마킹하고 따라 해 보라. 좋아하는 사람, 존경하는 이가 곁에 있으면 더 좋다. 주기적으로 그와 함께할 시간을 정하고, 그의 삶의 태도를 배워보라. 사실 진정한 교육이란 글로서 이루어지는 것이 아니라, 오감으로서 배울 때 더 오랫동안 우리 마음에 기억되기 때문이다. 존경하는 사람의 말투부터 생각의 태도, 하루를 보내는 자세를 곁에서 보고 배울 수 있다면, 그리고 그런 시간이 축적된다면 어느새 당신은 그와 비슷한 위치에 있을 것이다.

3. 보상하기

리셋하고 롤모델을 정해 벤치마킹까지 잘 하였다. 이제 중요한 것은 바로 지속성이다. 아무리 좋은 교육이라도 실생활에 접목되지 못하고 지속가능하지 못하다면 그저 작심삼일일 수 있다. 그래서 자신에게 보상할 것을 권한다. 이 보상이라는 단어를 혹자는 사치라는 말로 곡해하여 받아들일 수 있다. "이렇게 하는 것은 당연한데 무슨 보상까지나 해? 그 돈 있으면 우리 직원들과 회식이나 해야지"라는 생각이 들 수 있다. 하지만 자신에게 보상하지 않는 인색한 사람은 다시 예전의 모습으로 돌아갈 가능성이 크다.

변화하고 노력하여 조금씩 성장하는 자신에게 보상은 필수적이다. 사람에 따라 환경에 따라 그 보상의 정도는 달라질 수 있다. 하지만 어떤 일에 대하여 진정으로 토닥일 수 있는 마음은 내면 자아에 그 어떤 것보다 큰 보약이 될 수 있고, 미래 다가올 힘든 난관에 이겨낼 수 있는 면역 비타민이 될 수 있다.

"내가 나를 돌보지 않는다면,
세상 나를 더 돌보아줄 사람은 없어요.
내가 나를 존중하고 아낄 때
세상 사람들도 한 번 더 돌아보고 알아주는
법이지요"

내가 건넨 말에 원장님은 연신 고개를 끄덕이며 옳은 말이라고 맞장구를 친다. 다음 상담 때까지 숙제라며 건넨 종이 한 장, 책상 앞에 붙여 놓고 자주 읽으라고 부탁을 드렸다. 가계부를 쓰듯 다음 시간까지 나를 얼마나 잘 거두며 살았는지 확인하는 체크리스트이다.

사람이 변하는 것은 반드시 어떤 충격적인 사건으로만 이루어지는 것이 아니다. 좋은 책을 보고, 좋은 사람과 주기적으로 만나면서 서서히 변하기도 한다. 무더운 여름, 모든 일이 어지럽기만 하고, 잘 안 풀린다고 생각되는 하루였다면 오늘 내가 제안하는 3 Step을 한번 시작해보면 어떨까 한다.

생각하는 그곳까지만
갈 수 있는 인생

　속상한 감정을 느껴본 적이 있는가? 그런 시간을 떠올려보면 그때의 감정을 정확히 기억하는가? 그냥 슬펐다든지 자존감이 바닥이었다는 감성적인 답 말고 이성적으로 왜 그러했을지 제대로 바라본 적 있는가? 아직 그런 적은 없고, 그저 막연히 내가 불쌍하다는 생각만 든다면, 그래서 마음이 너무 무겁다면, 고개를 들어보라, 창밖 너머 보이는 오늘의 하늘이 너무 푸르지 않은가?

　감정의 오류, 어쩌면 손바닥만 크기의 핸드폰 액정 너머 보이는 세상에 내 마음을 끼워 넣고, 인플루언서들의 영상과 생각이 정답이라 여기며 우리는 때로 생각 없이 살고 있을지 모를 일이다. 그런 의미에서 푸른 5월의 어느 날, 나를 진정으로 살펴볼 수 있다는 사실, 그런 시간을 가진 것만으로도 어쩌면 자축해야 할 일이 아닐지도 모르겠다.

　부족하다 느낀다면 지금부터 부족함을 채우려 노력하면 되는 일이다. 말이 쉬워 그렇지 말대로 되면 세상 안 되는 일이 어디 있겠느냐고 핀잔 섞인 말을 건네는 사람은 꽤 있을 것이다. 하지만 고(故) 정주영 회장이 자주 했던 말처럼 "해보기나 했어"라는 답을 대신 전하고 싶다. 세상에는 말뿐인 사람이 너무나 많다. 그리고 조금 시도하다가 중도에 포기하는 사람도 많다. 하지만 그 일을 끝까지 밀어붙이는 사람은 그리 많지 않다. 그 이유는 과연 무엇일까?

근성,
노력의 문제이다.

내가 생각하는 21세기 노력의 정의는 다음과 같다.

"누구나 할 수 있는 곳까지 하는 것은 노력이 아니다. 힘들어서 포기하고 싶을 때, 남들이 그만두고 싶을 때, 바로 그때부터 하는 것이 노력이다"라고 말이다. 고등학교 시험을 떠올려보자, 남들이 하는 만큼 공부해서는 그저 평균 수준에 미치지 못한다. 하지만 7시간 남들이 자는 동안, 6시간 자면서 공부하는 학생, 그 한 시간이 365일 쌓여서 365시간을 만들어 내고, 결과치를 바꾸는 것이다.

그렇다면 성인이 된 우리는 과연 어떻게 해야 할까? 잠을 적게 자고 몸을 혹사할 필요까지는 없다. 다만 무언가 이루고 싶은 것이 있다면, 마음속에서 내가 부족하다 느끼고 자존감의 바닥을 보는 때가 오면 우리는 무언가를 시작해야 한다. 그리고 내가 말한 노력을 해야만 한다. 언제까지? 바로 집 나간 자존감이 다시 돌아올 때까지 말이다.

하지만 여기서 가장 중요한 사실 한 가지, 우리가 지속 가능한 노력을 하지 못하는 이유는 무엇인지 아는 것도 중요하다. 이 사실을 아는 것만으로도 중도 포기할 확률은 현저히 떨어질 테니 말이다. 잊지 말아야 할 사실 한 가지는 세상에 늦은 것은 아무것도 없다는 사실 하나와 자신을 반드시 믿어야만 한다는 절대 원칙 2가지이다.

너무 늦었다고 자신에게 기회가 없을 거로 생각하는 순간, 가능성은 작아진다. 내가 그 정도가 되겠느냐고 생각하는 순간, 당신을 그 정도 이하까지만 정확히 도달할 수 있을 것이다. 자기 확신, 자기 믿음이 중요하다. 내가 지금 내딛는 이 순간이 힘들어도 꼭 이룰 수 있을 거라 믿어야 한다. 어려움을 극복하는 힘 역시 바로 자기 믿음에서 나오는 것이기 때문이다.

살아보니 그러했다. 절망적인 순간도 있었고, 기뻐서 하늘을 날아갈 것 같은 날도 있었다. 분명히 이 글을 읽고 있는 당신도 그러한 날이 있었으리라, 지난 모든 날의 감정선을 연결시켜 본다면 우리는 행복과 불행 그 사이 어딘가에 늘 있었을 것이다. 하지만 세월이 지나보면 좋았던 일들도 힘들었던 순간도 모두 지나간다는 것이다. 그리고 그러한 바탕 위에 지금 내가 있고, 당신이 있는 것이다.

내가 나를 그리고 규정짓는 그곳까지만 우리는 이룰 수 있다. 내가 어느 정도 공부를 하겠다고 마음먹으면 최종학력은 바로 거기까지만 되고, 내가 이 정도면 좋겠다고 바란다면 시간은 바로 그곳까지만 당신의 운을 안내하고 조용히 내릴 것이다.

오늘 너무 애태우지 마라. 지금 눈에 보이는 현상에 스트레스받지 마라. 이번 달 매출은 맞추었으나 다음 달, 내년 걱정으로 오늘을 희생하지 말라는 것이다. 오늘이 행복하면 내일도 행복할 가능성이 크다.

반대로 오늘 걱정하면 내일 더 행복해질 가능성이 커질 것 같은가? 절대 그렇지 않다. 걱정과 계획은 다르다. 계획은 이성적이며 같은 생각을 되풀이하지 않는다. 걱정은 감정의 소용돌이 속에서 수없이 같은 생각에 꼬리를 물고 밤잠을 설치게 하는 것이다. 오늘이 행복하다면 오늘을 마음껏 즐기면 내일 행복한 일은 반드시 찾아온다. 내일 일을 당겨서 걱정하지 말자,

걱정도 팔자라는 말이 있다. 걱정을 자꾸 하다 보면 습관이 되어 팔자처럼 느껴진다는 것이다. 걱정 대신 계획하라, 그리고 노력하라. 오늘 햇살은 너무나 좋으니 말이다.

사람을
사람답게 만드는 일

　며칠 전, 어느 버스 운전기사가 갑자기 쓰러진 승객을 발견, 응급처치하여 생명을 구한 선한 이야기가 보도되었다. 구급차가 도착하기 10분 전 골든타임 동안 그는 침착하게 주변 승객을 지목해 도움을 청했다. 한 여성에게는 119 신고를, 다른 남성 승객에게는 환자의 허리띠를 풀고 신체를 주물러 달라고 부탁했다. 이후 기사는 환자에게 심폐소생술(CPR)를 실시했고, 가슴을 압박하고 있는 사이 구급대는 도착했다.

　어떻게 신속히 대처할 수 있었냐는 기자의 질문에 버스 기사는 2년마다 실시하는 회사 교육 덕분이라 겸손히 답하였다. 사람 살리는 일은 기사가 하였지만, 그 사람을 만든 것은 바로 교육의 힘이다. 배움과 교육에 대한 시각이 변화되는 요즘, 교육에 대한 바른 가치관 정립이 필요하다고 생각한다.

　예로부터 군사부일체(君師父一體)라고 하여, 나라를 지키는 왕과 자기를 낳아주신 부모 사이에 스승을 두었다. 선생님의 의미는 나를 낳아 키워주는 부모, 적으로부터 가정을 지켜주는 왕과 같이, 지식과 지혜를 주는 귀한 사람이라는 의미로 군(君)과 부(父). 그 사이에 스승(師)을 두었을 것이라 짐작한다. 그런 의미에서 선생님의 그림자조차 함부로 밟지 않는다고 하였다. 예전 기억을 떠올리면, 나 역시도 선생님과 함께 걸을 때 조금은 멀리서 당신의 그림자를 밟지 않도록 노력한 것 같다. 그만큼 보이지 않는 곳에서도 존경의 대상이며, 삶의 롤모델인 존재이다.

하지만, 요즘 들리는 뉴스를 보면 가슴 아픈 사연이 참으로 많다. 선생님의 교권이 무너지고 있다는 보도가 심심치 않게 들려온다. 교육과 배움을 마치 마트에서 물건을 구매하듯 생각하는 사회 풍조가 너무 만연해 있기 때문이다. 물건을 사고 마음에 들지 않으면 쉽게 반품처리 하듯, 수업이 마음에 들지 않을 때, 다시는 안 보면 되는 사람처럼, 마트 직원에게 말하듯 당당하게 속내를 말하기도 한다. 교육은 받는 사람의 태도에 따라 그 전달되는 크기도 확연히 다름에도 말이다.

우리가 살고 있는 현대사회, 자본주의의 장점과 단점을 말하고 싶지는 않다. 단지 중요한 부분, 잊지 말아야 할 부분에 대해, 때로는 인문학적 회귀도 필요하지 않을까 생각한다. 아침에 일어나 출근, 업무를 마치고 다시 돌아오는 반복적인 일상의 일 속에서 우리가 행복을 느끼는 순간은 언제일까? 맛있는 음식을 먹고, 때로는 좋아하는 곳으로 드라이브 가는 시간일 수 있다. 하지만 그러한 시간보다 오랫동안 지속 가능한 행복을 느낄 수 있는 부분은 바로 자신이 성장함을 느끼는 순간이다. 몰랐던 부분, 마음속 결핍을 느끼는 그 부분을 공부하여 나의 것으로 소화되고 삶에서 활용될 때, 우리는 가슴이 따뜻해짐을 느낀다. 그 온기가 바로 행복이다.

결론적으로 현대인들이
추구하는 궁극적인 행복 역시,
교육과 배움으로 느낄 수 있다는 말이다.

말주변이 없고, 사람들 간의 대화에서 깊이가 없다는 것을 느끼는 사람은 책을 보거나 스피치 교육을 통해 작은 성장을 이룰 수 있고, 다른 이들로부터 쉽게 마음의 상처를 받는 이는 글을 통해 감정을 치유 받을 수 있다.

이렇게 교육은 틀에 박혀있던 우리의 마음 공간을 더 여유롭게 만들어주며, 타인과의 간극을 더 안전하게 만들어주는 가교의 역할을 할 수 있다. 그러나 나이가 들면서 배움에 대한 의욕이 떨어지는 사람들의 이야기를 들어보면 한결같이 노안으로 글씨가 잘 보이지 않는다고 말하고, 평생 하지 않은 공부를 이제 할 필요가 있냐고 말한다.

배움이란 단어에는 남녀노소가 구별되지 않는다. 환갑이 넘어도 영어를 배워 해외로 자유여행을 갈 수도 있고, 칠순이 되어도 컴퓨터를 배워 다른 사람들과 온라인으로 소통할 수 있는 기쁨을 얻을 수 있다.

　중국 명언 중에 '배움은 학교에 있는 것이 아니라 인생에 있다'는 유명한 말이 있다. 이 말의 해석은 여러 가지로 풀어볼 수 있으나, 공부는 학교 졸업과 동시에 끝나는 것이 아니라는, 인생에서 무언가 결핍을 느낄 때, 우리는 찾아 공부하고 배울 수 있다는 말이다. 이러한 평생교육 사회적 풍토가 안정적으로 만들어질 때 사회는 더욱 풍성해지고 개인이 추구하는 행복지수도 높아질 것이다.

　추락하고 있는 교권을 어떻게 올릴지에 대한 제도적 고려보다 개개인의 의식변화가 필요한 시대이다. 살면서 마음에 그림자가 우리의 삶에 드리울 때, 물어보고 기댈 수 있는 부분은 바로 교육이고, 그 가르침을 주시는 분이 선생님임을 잊지 말았으면 한다. 오늘 우리가 배우는 공부가 내일의 당신을 살릴 수 있다. 인생이라는 버스의 핸들을 잡고 있는 기사는 바로 이 글을 읽고 있는 당신이다.

질문하지 못하면
살기 어려운 세상이 온다

인문학에서 균형이란 단어는 매우 의미 있는 화두이다. 하지만 하루가 멀다며 개발과 출시를 다투는 신기술이란 변혁 속에서 우리의 몸과 마음은 아직 균형을 잡지 못하고 있다. 그래서일까? 과거 그 어느 때보다 안전한 시대에 살고 있다고 생각하지만, 실상 오늘을 돌아보면 '가장 불확실한 미래를 앞둔 현대인들'이라고 나는 표현하고 싶다. 그 이유는 AI(Artificial Intelligence) 혁명 속에서 개인의 철학과 사고가 없다면, 모든 것을 인공지능에 물어보고 의지해야만 하는 날을 맞이해야 하기 때문이다.

AI, 특히 우리의 일상과 밀접한 관계가 있는 GPT의 성장 속도는 너무나 빠르다. GPT(Generative Pre-trained Transformer, 생성형 사전학습 인공지능)는 딥 러닝 모델인 변환기 아키텍처를 기반으로 하며, 언어 번역, 텍스트 생성, 질문 답변 등과 같은 작업을 위해 설계되었다. 2018년에 시작된 GPT는 끊임없이 개선되고 있다. 2019년 GPT-2는 일관되고 상황에 맞는 텍스트를 생성하는 능력으로 주목을 받았고, 불과 개발 2년 만인 2020년에 공개된

GPT-3는 1,750억 개의 매개변수를 포함하여 규모 면에서 상당한 발전을 이루어 더 높은 수준의 문맥 이해를 보여주며 인간과 유사한 텍스트를 생성할 수 있다. 다시 말해 궁금한 점을 물어보았을 때, 단문으로 답을 주는 것이 아니라, 기존 방대한 정보들에 근거하여 사용자와의 대화 형식으로 충실하게 원하는 답을 생성, 제공할 수 있다는 것이다.

더 살기 편한 세상이 온 것은 틀림없다. 하지만 반드시 생각해야 할 부분이 있다. 바로 사용자인 인간이 사고하고 판단할 수 있는 능력은 있어야 한다는 것이다. 갑자기 고리타분하게 사고와 철학이 왜 필요하냐고 반문할 수 있겠지만, GPT는 같은 내용이라 할지라도 어떤 질문을 하는지에 따라 답이 달라진다. 즉 질문을 잘못하였을 때, 엉뚱한 답이 나올 수 있다는 것이다. 그리고 원하지 않는 답이 도출되었다 하더라도 사용자가 모른다면 잘못된 정보를 그대로 받아들일 수밖에 없다.

비단 AI와 GPT에게 내리는 프롬프트, 명령어의 중요성을 말하지 않더라도, 질문의 중요성은 언제나 강조되어 왔다. 18세기 프랑스 작가였던 볼테르는 '사람을 판단하려면 그의 대답이 아니라 질문을 보라'고 말했고, 미국의 전설적인 코치, 루 홀츠는 '나는 그 어떤 경우에도 이야기를 나누는 것만으로 배우지 않았다. 내 모든 배움은 대화 중 질문을 던지면서 비로소 시작되었다'라고 했다. 즉, 질문은 단순한 언어 영역에서 벗어나 그 사람의 지식을 기반으로 한 철학과 사고의 결정체이다. 그리고 답을 위하여 질문하지만 때로는 질문 속에서 우리는 깨우침과 통찰의 해답을 찾기도 한다.

'나는 왜 이 일을 하는가'라는 책으로 유명한 베스트셀러 작가이자 강연가인 사이먼 사이넥(Simon Sinek) 역시, 답을 찾기 전 이유를 알아야 하고, 이유를 찾기 위해 질문을 잘 해야 한다고 하였다. 일을 함에 있어, 어떤 이유에서 어떻게 질문하는지 따라 과정과 결과는 달라질 수밖에 없다고 했다.

예를 들어 보자. 현금 10만 원을 줄 테니 3m 넓이의 널빤지 위를 걸어보라고 하면 누구나 쉽게 건널 것이다. 하지만 100미터 상공의 두 건물 사이에서 같은 폭의 널빤지 위를 쉽게 건너겠다고 하는 사람은 없을 것이다. 그 이유는 무엇일까? 돈보다 자신의 목숨이 더 소중하기에 그런 위험부담을 가지기 싫기 때문일 것이다. 하지만 여기서 질문을 바꾸어 보자, 만약 건너편에 사랑하는 당신의 아기가 울고 있다는 이유를 든다면, 돈을 떠나 대부분의 부모는 망설임 없이 건너고 말 것이다. 바로 어떻게 질문하느냐에 따라, 또 어떤 이유인지에 따라 답은 바뀔 수 있다.

사람이 늙지 않으려면 호기심을 잃지 않아야 하고, 호기심의 근본은 왜(Why)라는 질문으로 시작된다. '왜 그럴까', '어떻게 하면 될까'라는 긍정적인 시그널이 끊임없이 뇌리에서 숨 쉴 때, 우리의 열정은 노화를 지연시킬 수 있을 것이다. 점점 편리함으로 채워질 미래사회, 질문의 중요성이 주목받을 날이 다가오고 있다. 너무나 빠르게 흘러가는 세월 속에서 우리 인간의 몸은 더 편안해지지만, 끊임없이 공부하지 않는다면 우리의 마음은 균형을 잃을 것이다. 질문을 제대로 못 하면 살기 어려운 세상이 급속히 도래하고 있다.

현대인에게 필요한
처세술

 세상 어리석은 사람은 없으나, 지혜로운 사람 역시 드물다. 학력 수준과 인터넷 보급률이 우리나라처럼 높은 나라도 흔하지 않다. 이 말은 특정 분야에 대하여 대학과 대학원에서 공부하고, 그 이외 지식은 인터넷을 통하여 지식을 습득하는 데 어려움이 없다는 것으로 풀이된다. 쉽게 말해 현대사회, 점차 똑똑해지고 모르는 것이 없는 세상으로 되어가고 있다는 말이다. 심지어 인터넷 포털사이트는 불과 몇 분 안에 우리의 궁금증을 해결해주고, AI에게 부탁하면 전문가처럼 글도 써주고, 멋진 디자인에 발표자료까지 만들어주는 세상이다.

 과학기술의 성장과 발전으로 상식을 넓혀가는 것은 좋은 현상이다. 하지만 상식이 도를 지나치는 경우도 보게 된다. 병원을 찾는 요즘 사람들은 미리 검색을 통하여 자신의 병명을 짐작하며, 때로는 온라인을 통한 단편적인 지식을 믿고, 의사의 말에 오히려 반문을 제기하는 사람이 있기도 하다. 이뿐만 아니다. 요즘 사회를 보더라도 서로를 이해하고 배려하는 모습은 찾아보기 드물다. 마치 자신이 더 똑똑하다는 것을 알리기 위해 목소리를 크게 내는 것 같다. 정작 해야 하는 일의 범주에서 벗어나는 것을 가끔 볼 때마다 마음이 아파온다.

깊은 물은 겉으로 물살을 크게 내보이지 않는 법이다.

얕은 지식일지라도 목소리 큰 사람이 인정받는 세상인가? 아니라면 어떻게 사는 것이 과연 바른 처세일까? 강의 때 가끔 소개하는 책이 있다. 정판교의 바보경이다. 이 책은 혼란한 세상에서 자신의 능력을 드러내 보이면 화를 당하기 쉬우므로 자신의 색깔을 감추고 그저 바보인 척 세상을 살아가라는 인생 철학을 담아낸 책이다. 위인편을 보면 내지외우(內智外愚)라는 말이 나온다. 속은 지혜로우나 겉은 어리석다는 말이다. 지나친 총명은 위험하며, 어리숙함으로 화를 비켜 간다는 말을 품고 있다. 모난 돌이 정 맞는 것처럼, 알아도 모른 척하는 겸손의 태도가 필요한 시대에 사실 우리는 살고 있다.

앞서 말한 바와 같이 요즘 세상, 어리석은 사람은 없다. 그러기에 시간이 조금만 지나면 누가 잘난척하는 사람인지, 정말 겸손한 사람인지 분간하는 것은 어렵지 않다. 하나를 알아도 두 가지를 말하는 사람이 있는가 하면, 열 가지를 알아도 한 가지만 말하는 사람이 있다. 마케팅 시대에 살면서, 트렌드를 읽을 줄 모른다고 말할 수 있는 이도 있을 것이다. 하지만 인생은 100m 단거리 경주가 아니다. 오늘과 내일만 사는 하루살이가 아니라는 말이다. 우리는 내일을 볼 수 있는 눈을 가져야 한다. 그래야 주위에 좋은 운도, 사람도 함께 오는 법이다. 그래서 바보처럼 사는 것을 정판교는 역설하였을지 모른다.

동네 오래된 한의원이 있다. 단 한 번의 광고도 하지 않은, 간호사도 한 명만 있는 작은 의원이다. 하지만 같은 장소에서만 벌써 30년째 진료를 보고 있다. 아침이면 동네 어르신들이 줄을 선다. 지금까지 요란한 광고를 했던 인근 한의사들도 10년을 넘기지 못하였지만, 이 한의원은 지난 코로나 시기에도 문전성시를 이룰 정도였다. 그 이유는 생각보다 간단하다. 진료하는 한의사는 동네 할아버지 그 이상도 이하도 아니다. 항상 웃는 얼굴로 환자를 대하고, 이런저런 환자의 속사정까지 다 들어주는 자상함과 여유가 있다. 때로는 환자의 이야기를 들어준다고 점심까지 먹지 못하는 것에 바보 같다고까지 하지만, 그냥 웃음으로 대답을 하기 일쑤다. 그는 자신을 내려놓고 사람들과 함께하면서 더 많은 것을 얻는 지혜로운 사람이었다.

정말 가지고 싶은 것이 있는가?

가지고 싶은 것이 있다면 그것이 명예이든지, 재물이든지, 먼저 자신을 버릴 수 있는 마음, 내려놓을 수 있는 용기가 선행되어야 한다. 굳게 힘주고 있는 두 손에 다른 무엇을 잡을 수는 없는 노릇이다. 세상 이치가 다 그렇지 아니한가? 많은 고사를 보면 버릴 사

(舍)를 앞에 두고 얻을 득(得)을 뒤에 두었다. 그 말은 먼저 버려야만 얻을 수 있음을 말하는 지혜이다.

　불사부득(不舍不得), 버리지 못하면 얻을 수 없다.

　지혜로운 사람은 말을 아끼고, 심지어 해야 하는 말도 삼키고 버리기도 한다. AI시대, 작은 생각만으로도 큰 결과치를 볼 수 있음을 우리는 선물이라 생각하기에 앞서, 반드시 지켜야 할 귀한 마음조차 침범당하지 않을지 경계해야 함이 옳지 않을까? 계절이 바뀌고 있다. 다가오는 가을에는 평소 좋아하는 사람에게 문자 대신 사랑을 전할 수 있는 손편지를 낙엽과 함께 보내보면 어떨까 한다.

소크라테스의
하루

마약 청정국이라 불리던 대한민국의 입지가 흔들리고 있다. 훈훈한 이미지로 드라마와 영화에서 자주 보던 배우들이 조사받는다는 소식을 접할 때면 그 이유가 무엇일지 궁금하다. 우리나라는 마약의 제조와 유통이 쉽지 않은 나라였다. 그렇기 때문에 끊임없이 발전하는 제조법과 교묘한 방식의 밀반입을 검사하고 확인할 수 있는 기술은 부족할 수밖에 없었다. 이에 대한 시급한 정부의 대책과 실행이 필요하여 보인다. 하지만 어느 시대도 마찬가지이듯 제도적인 장치에만 의존해서는 한계에 부딪히고 만다. 소프트웨어적인 측면에서의 변화가 필요하다. 즉 국민의식 변화를 위한 정부의 지원과 노력도 필요하다는 말이다.

사람들이 마약을 하는 이유, 과연 무엇일까? 여러 사연이 있겠지만, 일부 뉴스 보도를 보면 다음과 같이 말한다. 수천 명의 관객 앞에서 집중적으로 관심과 사랑을 받는 시간을 삶의 기쁨으로 여기며, 존재의 이유라고 여기는 사람들이 있다. 그들에게 무대 밖 고요한 시간들은 때로는 견딜 수 없는 이질적인 환경으로 느껴질 수 있다. 그래서 새로운 환경을 갈구하며 친구들을 만나 자극적인 일탈을 꿈꾸기도 한다. 물론 인터뷰 중, 일부 기사일 수 있겠지만, 우리는 여기서 문제의 탈출구를 찾을 수 있다.

환경. 바로 어떤 환경에 우리가 살고 있는지를 확인하는 것이 해법이다. 간단히 말하면 위험한 환경에 노출되어 있음을 인지하였다면 그곳에서 벗어나 새로운 곳으로 이동하는 것이다. 보다 쉽게 단계별로 설명해 보자.

첫째, 빠르게 변화하는 세상 속에서 잠시 벗어나 혼자만의 시간을 가져보자. 똑같은 패턴을 반복해서 돌아가는 물류 회사 컨베이어 벨트와 같은 일상에서 하루만이라도 벗어나 오롯이 나를 볼 수 있는 시간을 확보하여 보자.

둘째, 조용한 산도 좋고, 경치가 좋은 바닷가 카페도 좋지만, 그것마저 여의치 않다면, 집 근처 도서관 구석진 책상 위도 좋다. 도착한 그곳에서 내가 살아가는 오늘을 적어보고, 앞으로 나의 미래를 그려본다. 그리고 그사이에는 환경이라는 공간을 비워둔다. 즉 미래에 도착하기 전, 그 공백의 시간에 함께 할 사람들을 적어보라는 말이다. 그 사람들이 진정 나의 꿈, 미래에 도움을 주는 사람인지 아닌지 확인해 보는 시간을 가져보는 것이다.

무언가를 하고 싶다는 인생의 목표가 뚜렷한 사람들은 목표를 향해 달려갈 때, 무작정 가지 않는다. 마치 경주용 말에게 앞만 보도록 눈가리개를 씌운 듯이 전력 질주만을 하지 않는다는 말이다. 그들은 자신의 환경을 경계하고 고요함 속에서 행복을 찾으려 노력한다.

소크라테스는 생애 대부분을 부인 크산티페와 함께 지내면서 건강을 위해 산책을 하고 친구를 만났다. 환경의 정의를 내리는 가장 큰 부분은 '당신이 누구와 함께 있느냐'에 대한 물음일 수도 있다. 소크라테스가 함께 산책하고 만나는 친구들의 이름은 몰라도 충분히 그들의 성품과 나누었던 이야기는 짐작할 수 있다. 추측하건대 주위 환경, 친구들이 소크라테스를 더 위대하게 만들었다고 해도 과언이 아닐 것이다.

인생과 행복에 대하여 글을 쓰고 강연하는 나 역시도, 오늘의 나를 만들어 준 환경을 생각해 보면 고등학교 문학 모임이다. 10대의 순수한 마음에서 배웠던 시와 문학이 20대의 젊음, 30대의 열정, 40대의 성장, 50대의 성숙이라는 이름을 만들어 주었다. 그리고 10대에 만났던 선배님들과 30년 이상 함께 곁에서 보고 배운 그 모든 것들이 삶에 녹아 나침반의 역할을 하고 있다. 때로는 힘들었을, 때로는 주저앉고 싶었던 그 순간들의 곁에 소중한 사람들이 함께 있었기에 세상의 파고를 온전히 넘을 수 있었다.

이 글을 읽고 있는 당신, 무엇인가 결핍되었다 느껴진다면, 순간적 오감을 만족시켜줄 자극적인 무언가를 찾아서는 안 된다. 결핍을 서서히 충전시켜줄 안전한 환경을 찾을 노력이 필요하다.

호랑이는 배가 고프다고 아무것이나 먹지 않는 것처럼, 당신의 오늘이 외롭더라도 내일을 함께 할 수 있는 도반을 찾으려는 용기와 노력이 필요하다. 스펀지에 젖은 소량의 물도 시간이 지나면 전체로 번지듯이 우리는 환경의 중요성을 한 번 더 생각하고 변화시켜야 한다.

내려놓음

휴식을
선물하라

어릴 시절, 크리스마스가 일 년 중 가장 행복한 날이었던 이유는 공식적으로 선물을 기대해도 되는 날이었기 때문이다. 평소 가지고 싶었던 장난감은 어김없이 크리스마스가 시작되는 아침이면 빨간색 양말 속에 들어있었고, 포장을 뜯어보며 즐거워하던 기억들은 나이가 들어감에 아련함으로 가슴속에 흐르고 있다. 이제는 우리 아이들에게 추억을 전해야 할 시기이지만, 불경기와 고물가로 부모들의 고민은 깊어져만 간다.

이른바 '토이플레이션(Toy+Inflation)', 장난감의 가격은 최근 1년 사이 15% 이상 상승하였다. 구매력을 이끌 출산 인구는 줄어들고 있으나, 원자재 가격 상승으로 기업 역시 힘든 상황은 마찬가지이다. 얼마 전 조카 선물을 사러 시내에 나갔다가 15,000원인 줄 알았던 한 지인은 뒤에 0이 하나 더 있는 것을 보고, 모바일 선물로 대신했다는 말을 하기도 한다. 고물가, 경기 침체 장기화로 소비심리가 위축되고 있어 이처럼 크리스마스 선물의 트렌드도 변화되고 있는 듯하다. 모바일 선물하기가 인기를 끄는 이유는 코로나

19 사태 이후 비대면으로 선물을 주고받는 것이 일상화된 데다 상품 종류도 점차 다양해지면서 수요가 꾸준히 증가하고 있기 때문이다. 통계청에 따르면 지난 10월 국내 온라인쇼핑 거래액은 20조 905억 원으로 전년 같은 기간 대비 11.8% 증가했다.

크리스마스, 아이들의 선물, 연인의 선물, 부모님들을 위한 선물은 장난감이든, 모바일 상품권이든 크고 작게 준비하였으리라 생각한다. 하지만 정작 당신을 위한 선물은 준비하였는지 궁금하다. "나는 괜찮다" 헛웃음을 지으면서 한 번도 생각해 본 적 없다는 사람도 있을 것이다. 세월이란 거친 강을 건너며, 상처를 입기도 하고 때로는 힘든 파도에 그냥 몸을 맡기기도 했을 당신, 지친 영혼에게 힘을 불어넣어 줄 수 있는 그 무엇을 선물로 찾는다면 얼마나 좋을까, 다가온 크리스마스에는 말이다.

지난 360일을 쉬지 않고 달려온 당신, 남은 5일을 "휴식"이라는 선물로 주면 어떨까? 휴식이라는 의미를 국어사전에서 찾아보면, "하던 일을 잠시 멈추고 쉬는 것"이라 되어있다. 쉽게 말해 어제까지 열심히 달리던 말에게 내일을 위해 좋아하는 음식을 주고 편히 쉬게 하는 것이 바로 휴식이다.

우리의 휴식은 적절한가? 하루 24시간, 365일 쉬지 않고 달려오면서도 쉰다는 것을 사치라고 생각하는 사람도 적지 않다. 그렇게 생각하는 사람들에게는 그만한 이유가 분명 있을 것이다. 내 몸이 움직이지 않으면 생계를 꾸릴 수 없고, 내가 생각하지 않으면 회사의 매출이 멈춘다면 움직이고 또 움직여야 할 것이다.

하지만 휴식은 필요하다. 휴식은 사치가 아니라 일의 연속이다. 더 효율적인, 생산적인 일을 하기 위해 휴식은 필요하다. 보디빌더의 몸을 보면 온종일 운동만 할 듯하지만, 그렇지 않다. 그들의 운동 강도는 분명 일반인들보다 높기는 하지만, 운동 이외 아주 특별한 시간을 가진다. 잘 먹고 잘 쉬는 것이다. 근육은 근섬유에 상처가 생기고 이 상처가 회복되는 과정에서 충분한 휴식과 영양이 동반되고 회복이 이루어지면서 생성이 되는 것이다.

여기까지 이해하였다면 어떻게 휴식할 것인가에 대한 마지막 대답이 남았을 것이다. 휴식하는 방법, 아마 각기 다른 대답을 할 것이다. 24시간 함께 하는 핸드폰으로 영화를 본다든지, 홈쇼핑 채널을 본다고 말하는 이도 있을 것이다.

휴식을 제대로 하는 방법, 한자 속에서 찾아볼 수 있다.

휴식(休息)

휴(休): 사람 인(人) 변에 나무 목(木)이 있다. 사람이 쉬기 위해서는 나무에 기대어야 한다. 즉, 자연과 함께 있어야 한다는 의미이다.

식(息): 스스로 자(自) 아래에 마음 심(心)이 있다. 즉 스스로 마음을 아래로 내려야 쉴 수 있다는 말로 나는 해석한다.

자연과 함께 스스로 모든 것을 내려놓은 상태가
바로
진정한 휴식이라는 말이다.

예전 방문했던 스위스의 어느 마을, 크리스마스 때 대부분의 상점은 문을 닫았다. 가장 성수기일 법한 그 작은 마을에서는 자신에게 선물할 휴식을 찾고 있었던 것이다. 빠르게 흘러가는 세월 속에서 때로는 내 마음을 내려놓을 수 있는 시간을 보낼 지혜가 필요한 오늘이다.

건강하게 사는 법,
환경을 체크하라

　건강하게 살기 위해 무엇이 중요할까? 세상 사람들, 저마다의 주
관적인 답을 말할 것이다. 다양한 사람들 사이에서 어쩌면 생각지
도 못한 궤변도 나올 수 있을 것이다. 복잡하고 세분화된 세상 속
에서 건강에 대한 정의조차 다를 오늘, 이 글을 읽는 당신은 어떻
게 답하겠는가? 나는 건강을 위한 그 무엇에 대한 답은 '현재 자신
에게 결핍된 무엇'이 될 가능성이 크다고 말하고 싶다.

　예를 들어 몸이 아픈 사람에게는 신체적 건강이 될 것이고, 인간
관계로 마음이 아픈 사람에게는 정신적 안정일 것이다. 경제적 풍
요로움이 결핍된 사람에게는 통장의 잔액일 수도 있다. 그러한 이
유로 각자에게 결핍된 문제들만 해결된다면 우리는 어제보다 더
건강하게 살 것이라 확신한다.

　전 인류의 공통 관심사, 행복의 화두 위에서 과연 어떻게 살아야
건강한 하루를 보낼 수 있을지에 대한 의문이 든다. 건강을 바라는
사람에게 어느 날 산신령이 나타나 건강이란 선물을 주는 상상을

해보자. 아픈 몸에서 벗어나는 기쁨을 누리며 하루하루 웃고 건강을 유지하며 살 것이라는 기대를 해 볼 수 있지만, 실상 그렇지 못할 공산이 크다고 나는 생각한다.

건강, 과연 지속가능하게 유지할 수 있을까?

그의 건강이 나빠진 원인에 대해 시간을 역산하여 살펴보자. 병의 근원을 만든 좋지 못한 환경을 찾을 수 있을 것이다. 건강에 역행하는 환경에 노출되어 하루를 살고, 습관이 되어 일 년을, 십 년을 살았기 때문이다. 즉 근본적인 환경을 바꾸지 못한다면 산신령의 깜짝 선물인 건강도 오래 지켜내지 못할 것이다.

이에 대한 내 생각에 공감하듯 며칠 전 뉴스에서 다음과 같은 보도가 발표되었다. 지난 1일 WHO 산하 국제암연구소(IARC)는 2050년 연간 신규 암 발병이 3500만 건 이상이 될 것으로 전망했다. 이는 2022년 신규 암 발병 건수인 2000만 건보다 77%가 증가한 수치다. WHO는 이 같은 전망이 나온 이유에 대해 "암 위험 환경요인에 더 많은 사람이 노출되기 때문"이라고 설명했다. 암 발병률 증가의 주요 원인은 흡연과 음주, 비만과 같은 발병을 늘리는 환경적 위험이라고 말했다. 날로 발전해가는 의료기술이 있다지만, 갈수록 정상적인 트랙에서 벗어나는 현대인들의 나쁜 생활환경이 암의 발병률을 가속화시키고 있다.

그럼 정신적 건강은 어떠할까? 내가 누구를 만나는지에 대한 자각을 하지 못하는 이는 의외로 많다. 의무적인 또는 습관적인 만남을 이어가는 사람은 내가 만나는 사람으로부터 어떤 영향을 받는지 잘 모른다. 술을 좋아하는 사람과 자주 시간을 보내는 사람은 술자리가 자연스레 익숙해지고, 책을 좋아하는 사람과 인연을 맺는 사람들은 아무래도 도서관이나 서점에서의 만남이 많아질 것이다.

행복한 사람 곁에는 행복한 사람들이 머무를 확률이 높다. 행복도 전염된다는 연구결과가 있듯이 정신건강을 위해서는 내 주위를 살피는 시간도 반드시 필요하다. 혹여 요즘 기분이 이유 없이 우울하거나 쉽게 에너지가 빠져나간다고 느낀다면, 주위를 살펴보자. 그런 영향을 느끼게 만드는 환경요인이 반드시 존재할 것이다. 그러기에 삶의 굴곡에서 자존감이 떨어져 있는 시기에는 불평이나 슬픔을 동반하는 사람과는 어느 정도 거리를 두는 것도 정신건강 지수를 높이는 방법 중 하나이다.

누가 뭐라 하더라도 내가 좋고, 세상이 나를 함부로 여기지 못하는 자존감이란 튼튼한 방탄조끼가 있다면 제일 좋겠지만, 우리 인간사는 사람들 사이에서 태어나 웃고 울며 삶을 마감한다. 즉 무인도에 살지 않는 이상 환경에 노출되어 살아갈 수밖에 없다는 원칙을 알 수 있다. 건강하게 살아가는 절대 공식은 존재하지 않는다. 다만 공통분모가 존재할 뿐,

맹모삼천지교(孟母三遷之敎)라는 말이 있다. 맹자의 교육을 위해, 맹모(孟母)는 세 번이나 이사 갔다는 이야기, 여기에 핵심은 맹모의 열정이나 사랑이 아니라, 환경의 중요성을 역설하는 것이었다. 무덤가에서는 울음소리가 자주 들릴 것이고, 거리에서는 싸우는 소리가 잘 들릴 것이다.

가랑비에 옷이 어느새 젖듯이, 주위를 살피는 습관이 필요한 시대에 우리는 살고 있다. 당신은 건강을 위해 그리고 행복을 위해 환경을 바꾸려고 노력하는지 조용히 묻고 싶다. 나의 건강은 내가 지켜야만 하기 때문이다.

결핍을 충족시키기 위한 그 무엇은 바로
좋은 환경을 만드는 노력이어야 한다.
그리고 그것이 바로 건강한 행복의 시작이다.

조직문화개선을 원한다면, 공감력!

언제 행복한지를 아는 일, 바로 행복을 위한 첫걸음이다. 행복하면서도 그것이 행복인 줄 모르고 오랜 시간이 흐른 후에서야 알게 된다면, 그에게 행복이란 언제나 과거형으로 남을 공산이 크기 때문이다. "그때가 행복했었어, 그 사람과의 시간이 참 소중했어"라 말하기도 한다. 물론 지나간 추억을 돌아보면 아파했던 기억은 작아지고 좋은 추억만 커 보일 수 있다. 하지만 너무 잦은 후회라는 감정은 소중한 오늘을 온전히 느끼는데, 방해 요소로 보인다.

'조직문화개선'이라는 주제로 강연 초대를 받으면 내가 언급하는 부분이 있다. 하루 대부분을 함께 보내는 회사에서 느끼는 감정이 행복이 아닌, 미묘한 감정이 앞선다면 그 이유는 무엇인지 말이다. "우리 회사는 정말 좋아, 동료직원들은 가족 같아"라는 말이 오간다면 유연한 조직의 회사이다. 그러나 질문 자체가 스트레스라 여겨질 정도라면 그 조직문화는 긍정적인 환경에 있지 않다는 것을 의미할 것이다.

50대 이상의 다소 보수적인 사회경험을 한 기성세대와 이제 입사한 지 몇 년 되지 않는 20대 사원 간의 이질적인 조직환경, 경직된 조직의 이유는 무엇일까? 세대 간 격차에서 생기는 문제라기보다 마음 간의 거리의 문제이다. 온라인 세상에 길들여진 우리는 어느 순간부터 다른 이의 마음에 다가서려 노력하지 않는다. 즉 상대의 마음에 눈을 가리고, 말에 귀 기울이지 않는다는 말이다.

행복한 조직을 만들려고 한다면 리더의 역량에 따라, 환경의 구성에 따라 여러 아이디어가 나올 수 있을 것이다. 하지만 모든 방법의 기초는 '공감(共感)'이라는 감정선 구축이 선행되어야 한다고 나는 말하고 싶다.

이론과 실제의 차이는 어디서나 존재할 테지만, 공감의 표면적 차이는 너무나 선명하다. 예를 들어 동료가 이야기할 때 함께 하는 이의 눈빛을 보면 우리는 느낄 수 있다. 바로 이 사람이 정말 나의 말을 듣고 있는지 아니면, 들으면서도 다른 생각을 하는지 말이다. 말이 끝나기도 전에 자신의 주장을 위해 쉴 새 없이 말하는 일도 비일비재(非一非再)하다.

공감이란 상대의 이야기를 듣기 위해 내 시간을 공유하는 작업이 아니다. 공감이란 그 사람의 관점에서 이해하려 상대를 향해 마음을 기울이고, 그 바탕 위에서 진심으로 기뻐해 주고, 고민하고 아파하는 일이다. 그러기에 진실로 공감하는 사람들의 표정은 다를 수밖에 없다. 때로는 하늘을 날 듯 입꼬리가 오르기도 하고, 화나는 일에 노여워하고 함께 울기도 한다. 그것이 공감의 시작이다. 결과라는 결론을 얻기 위한 시간을 제외한 모든 활동을 사치이며 불필요한 것이라 여긴다면 당신의 회사, 조직은 100% 로봇이나 컴퓨터로 대체되어야 한다.

모든 일은 사람이 하는 일, 사람은 공감에서부터 일이 시작되어야 한다. 언론에서 자주 조명되는 일타강사의 모습을 보더라도 쉽게 알 수 있다. 영어, 수학, 국사와 같은 딱딱한 과목을 가르치지만, 그들이 다른 강사들보다 훨씬 더 인기를 얻는 이유는 바로 함께하는 학생들과의 공감대가 남다르기 때문이다. 딱딱한 수학 공식, 어려운 영어 문법만을 가르치는 일이 아니라, 학생들의 눈높이에서 아파하고 진심으로 다가서는 공감의 힘이 있기 때문이다. 이론만을 가르치는 선생님은 인기가 없다. 재미가 없다. 공감도 부족하다.

지난주, 우리나라를 대표하는 공기업에 2박 3일의 일정으로 강연을 다녀온 적이 있다. 이 기업은 소위 말하는 최고의 브레인 집단이다. 하지만 그들 역시 인간이고 동시대를 살아가는 중년이자, 한 집안의 가장들이었다. 그들의 관점에서 세상을 바라보고 함께 웃고 슬퍼한 시간을 가지자 강연은 공감이란 이름으로 물들여져 갔다. 만약 교과서적 방식으로 다가서려 했다면 내 이야기가 그들의 가슴 안으로 스며들 수 있었을지 모를 일이다. 아무리 좋은 이야기도 공감이라는 윤활유가 들어가지 않으면 유익한 결과를 만들 수 없다.

좋은 조직, 좋은 회사를 만들기 위한 여러 노력을 할 수 있지만, 때로는 함께 커피를 건네는 마음의 여유가 순도 높은 공감을 만들 수 있다. 그 공감의 향기가 퍼질 때 조직문화도 개선될 것이며, 기업의 매출 역시 상승하는 것이다.

좋은 사람끼리는 공통점을 찾으려 하고, 싫은 사람은 차이점을 찾는다. 당신은 조직과의 공통점을 찾으려 하는지, 차이점을 찾으려 하는지 묻고 싶다. 행복을 바란다면 지금 함께 하는 사람과 진정한 공감을 시작해보라.

잘 노는 것이
경쟁력이다

나이가 들며 시간을 어떻게 보낼지 모르는 사람들은 의외로 많다. 더 정확하게 말하면 어떻게 노는지 모르는 것이다. 새로운 정보나 지식과 같이 삶에 도움이 되는 것들이 유의미하겠지만, 그 모든 것들을 뒷받침했던 감정들은 유희였다고 생각한다.

근대적 압축성장을 이룬 우리나라에서 노는 것, 유희라는 말은 비생산적이며, 아직은 가져서는 안 될 사치스러운 감정이라 여긴 시간들은 분명 존재하였다. 결과론적 관점에서 유형이 아닌 무형의 존재 그 가치에 힘을 실어줄 기회는 비교적 빈약하였다는 것 또한 사실이며, 이 때문에 고도성장의 그림자에 가려진 우리의 오늘이 아닐까 한다. 네덜란드의 역사가였던 후이징가(Johan Huizinga)가 인간의 문화는 유희 속에서, 유희로서 발생하고 전개되었고, 유희는 문화를 창조하는 기능을 가지고 있다고 말했음에도 말이다.

재미가 있어야 무엇이든 오랫동안 지속할 수 있다는 지론을 가진, 한 선배는 나이가 들수록 혼자 노는 법을 잘 익혀야 한다고 강조한다. 그의 말에 나는 공감한다.

열심히 살다가 직장이나 조직이라는 울타리에서 벗어날 때 갑자기 늘어난 시간의 부피 앞에서 우리는 무엇을 해야 할지 몰라 때론 길을 잃는다.

준비되지 않은 시간 앞에서 우리는 마냥 자유를 느끼며 즐길 수만은 없다. 준비되지 않은 자유는 그 가치를 느끼지 못할 뿐 아니라, 오히려 고통이 될 수도 있기 때문이다. 공원에서 온종일 오가는 사람들만 바라보는 이에게 자유라는 부러움을 느낄 수 없는 것처럼 말이다. 음식도 먹어본 사람이 참맛을 음미한다는 말처럼, 노후에 양질의 삶을 살기 위해서는 노는 것에 대한 나름의 정의를 미리 내릴 수 있어야 한다. 그래야 다른 이의 유희에 부러워하지 않을 수 있기 때문이다. 현실을 모르는 부러움은 결국 자존감의 상실이라는 종국을 맞을 수밖에 없다.

즉, 다시 말해 자신에게 맞는 유희 탐색의 시간과 예행연습은 절대적으로 필요하다.

그러기에 우선 재미있는 놀이를 찾아야 한다. 첫술에 배부를 수 없듯이, 여러 가지 선제적 경험이 필요하다. 야외활동을 하는 아웃

도어 스포츠도 좋고, 조용히 책을 읽는 독서도 좋다. 그 무엇이라도 당신의 심장이 움직이면 되는 일이다. 사회과학을 전공한 이유에서인지는 몰라도 이왕이면 놀이하면서 성장도 함께할 수 있는 가성비 있는 시간이라면 어떨지라는 생각을 한다.

요즘 다시 읽고 있는 소크라테스의 성공법이라는 책, 얇지 않은 두께지만 이 책에서 강조되는 부분은 계속 되풀이된다. 즉 멈추고 생각하고 창조하라는 것이다. 고리타분한 명상을 이야기하는 것이 아니다. 멈추라는 말은 나아가려는 길, 이미 탄력을 받은 가속도에 방해가 되는 성질이라 해석하여 터부시할 것이 아니라, 멈춤의 가치를 재조명하라는 것이다.

사람이 같은 실수를 반복하지 않는 경우는 그 실수에 대하여 멈추어 생각하고, 반성하고, 복기(復棋)하는 자세를 가진 사람만의 특권이다. 반대로 나이가 들어도 같은 실수를 반복하며 후회하는 사람은 오로지 속도에만 치중하기 때문이 아닐까? 바로 눈앞에 있는 급급한 일에 대해서만 처리하기에 멈출 생각조차 사치라고 생각하기 때문이다.

재미있게 노는 방법으로 나는 소크라테스의 생각을 빌리고자 한다. 잠시 가던 길을 멈추고 내가 즐거워할 시간을 찾아보자. 어떤 이는 이 또한 일거리라고 생각할진 모르겠지만, 내가 무엇을 좋아하는지 아는 것부터가 유희의 시작이다. 남들이 좋아하는 것들이 아닌, 정말 내가 좋아하는 일을 찾기 위해 멈추고 생각해야 한다.

멈추어도 아직 모르겠다는 이가 있다면 눈을 감고 생각해보자. 어떤 일을 했을 때 미소가 끊이지 않고, 시간이 빨리 간다고 느꼈을 때, 그것이 바로 당신이 좋아하는 일인 공산이 크다.

그 일은 손길이 필요한 이들에게 따스한 밥을 지어주는 일이 될 수도 있고, 눈물을 흘리는 어린 아이에게 손수건 한 장을 건네는 일일 수도 있다. 나이가 들어감에 이런 일들에 기쁨을 느끼는 이들이 더 많아지면 어떨지라는 생각이 든다. 내 것만 생각하고 남을 배려하지 않는다면 그것은 진정한 기쁨도 유희도 아니기 때문이다.

가던 일을 멈추고 때로는 새로운 일에서 느껴질 재미, 그 속에서 보람과 의미까지 느낄 수 있다면 일석이조(一石二鳥)의 가성비 높은 시간을 보낼 수 있을 것이다. 나이가 들면서 재미있게 노는 법, 그 진실한 의미는 20대 촉각적인 놀이문화에 다시 빠져드는 것이 아니라, 중년과 노년의 의미를 다시금 새겨보는 시간이면 좋겠다.

믿는 만큼
행복해진다는 진리

"삶을 바꿔보고 싶어요." 나에게 상담을 의뢰하는 분들이 가장 많이 하는 말이다. 지금의 생활에 만족하지 못하고 그 상황을 슬기롭게 풀어나가지 못하는 자신에 대한 원망으로 가득 찬 한숨, 그들을 볼 때 나의 마음에도 뿌연 연기가 피어오른다.

마치 다리에 쥐가 나 움직이지 못해 힘들어하는 순간처럼, 비록 깨어있으나 자신의 문제를 바라볼 수 있음에도 해결하지 못할 때 우리의 자존감은 한없는 바다 밑 심해(深海)로 가라앉곤 한다. "차라리 바보라면 이런 고통도 느끼지 않을 텐데 말이지요, 요즘 같으면 많이 배운 것이 오히려 독이 되네요."라고 말하는 이도 있다.

고통, 벗어날 수 있는 법에 대하여 잠시 생각해본다.

어떤 이는 저녁마다 108배를 하며 흘리는 땀으로 고통에서 벗어나기도 하고, 또 어떤 이는 음악을 크게 틀어놓고 미친 듯이 춤을 춘다고도 한다. 누구나 마음의 모양이 다르기에 자기만의 방법이 있다.

여기서 나는 한 가지의 방법을 소개하고자 한다. 바로 조용히 '내 마음을 들여다보는 것'이다. 그냥 아무런 생각도, 아무런 판단도 하지 않고, 눈에 보이지 않는다고 내버려 두기만 했던 마음속을 정리하여 보는 것이다. 눈에 보이지도 않는 마음, 어떻게 정리하는지 묻는 이도 있을 것이다.

눈에 보이지 않는 것이지만, 눈에 보이는 것부터 먼저 정리하면 마음도 천천히 정리되어 진다.

1. 책상 위를 정리한다

미니멀리즘이라고 들어보았는가? 정말 필요한 것들만을 남겨놓고 나머지는 깔끔하게 정리한다. 책상 위 지저분한 노트와 펜을 모두 서랍에 넣어두기만 해도, 책상은 깔끔해진다. 컴퓨터의 바탕화면은 어떠한가? 작은 폴더에 넣어두기만 해도 되는 문제를 찾기도 어려울 정도로 꽉 채워두고 있지 않은가? 바탕화면에 깔린 자료가 많을수록 컴퓨터의 속도도 느려짐을 생각한다면 우리의 마음의 공식 역시도 여기에 빗대어 생각해 볼 수 있다.

2. 핸드폰을 정리한다

핸드폰을 버리라는 뜻이 아니다. 핸드폰에 저장된 수많은 연락처, 그중에 당신의 마음을 심란하게 만드는 사람들이 있다면 주기적으로 정리하는 노력만으로도 좋은 운을 가져올 수 있다. 꼭 쓰레기통만 정기적으로 비울 것이 아니라, 인간관계 역시, 때로는 정기적으로 정리할 필요가 있다. '언젠가는 필요할 수 있을 거야'라는 마음으로 지우지 못한 전화번호, 혹은 늘 힘든 이야기만 하는 이가 있다면 잠시 차단 버튼을 선택하는 것도 나쁘지 않다.

3. 내 마음을 초기화한다

앞서 말한 핸드폰, 전화기마다 전원 버튼 밑에 리셋 버튼이 있다. 우리의 마음도 리셋할 수 있다. 아무리 노력해도 찌꺼기가 남는 마음, 어떻게 깨끗하게 리셋을 할 수 있느냐고 물을 수 있다. 내 마음에 남은 찌꺼기가 컵 안의 소량의 흙이라고 생각하자. 이 흙을 제거할 방법은 핀셋으로 하나하나 꺼내는 것이 아니라 그 컵 안으로 새로운 많은 양의 물을 붓는 것이다. 우리의 마음도 마찬가지, 하나씩 빼내려고 노력하는 것이 아니다. 단점에 집중하는 것이 아니라는 말이다. 새로운 환경으로 새로운 사람으로 당신의 삶을 바꾸어 보는 것이다.

일본 관상용 물고기 중에 코이라는 비단잉어가 있다. 코이는 작은 어항에서는 5~8cm밖에 크지 못하지만, 수족관에서는 10cm, 연못에서는 25cm, 강에서는 120cm까지 자란다고 한다. 15배나 차이를 나타내는 이유를 살펴보면 바로 환경의 차이다. 코이처럼 우리 마음의 공식도 이와 별반 차이가 없다.

자신이 믿는 만큼 성장하고, 성장하고픈 만큼, 주위를 정리하고 새로움을 채워 넣으면 된다. 나는 힘들다는 생각으로 이번 생은 틀렸어라고 자신의 뇌에 각인하는 순간, 마음의 등대는 불이 꺼지고 바다 위, 떠 있는 내 마음은 갈 일을 잃어버린다.

내가 나를 포기하지 않는다면 언젠가는 기회가 온다. 내가 나를 바꾸려는 노력, 나의 크기를 규정짓지 않는 이상, 코이와 같이 우리는 더 성장할 수 있다. 오늘 내가 가진 어려운 문제에만 집중하면 한숨이 나오지만, 우리에게는 신이 주신 내일이라는 선물이 있기에 희망에 집중한다면, 오늘을 웃으며 살아갈 수 있다.

삶을 바꾸어 보고 싶다는 분들에게 내가 하고 싶은 말은 바로 '당신이 생각하는 만큼, 당신은 행복해질 수 있다'라는 진실 하나와 '그 생각을 어떻게 잘 정리하느냐'에 따라 행복이 다가오는 속도는 다르다는 것이다.

삶이라는 돛단배를 조종하는 사람은 바로 이 글을 읽고 있는 당신이다. 어떤 마음으로 배에 타는지에 따라 햇살 좋은 날, 와인 한잔에 저녁노을을 볼 수도 있고, 태풍이 오는 일기예보에 가슴 졸이며 하루를 일 년처럼 힘들게 보낼 수도 있다는 것을 잊지 말자.

일하면서도
마음이 가벼워지는 법

　지금 당신이 스트레스를 받고 있다면, 그 이유에 대하여 생각해 본 적이 있는가? 하루에도 수백, 수천 가지의 생각으로 사는 현대인들. 여러 경우의 수가 있다지만, 가만히 들여다보면 스트레스란 어쩌면 각자의 마음에 따라 자생(自生)하고 사멸(死滅)되는 것은 아닌지 생각해 본다.

　비슷한 일, 비슷한 사람에게서 오는 피드백은 언제나 비슷한 감정을 유발한다. 그래서인지 감정이란 견고한 틀 밖으로 벗어날 수 없는 것으로 생각하며, 회사에서는 퇴사라는 이름으로, 연인들은 이별이란 이름으로 종지부를 찍곤 한다. 고용노동부에서 실업급여 대상자들을 대상으로 스트레스 관리라는 프로그램을 맡아 5년 가까이 강연한 적이 있었다. 강의 후, 가끔 몇몇 분은 다가오셔서 비슷한 질문을 하신다. '회사는 좋은데 같이 일하는 사람과 맞지 않아서'라고 말이다. 비록 회사 복지가 낮아도 사람만 좋다면 일이 힘들어도 즐거울 거라고 덧붙인다.

그렇다. 우리나라 퇴사 이유 1위는 바로 관계문제 때문이다.

그렇다면 어떻게 해야 관계에서의 저항을 줄일 수 있을지에 대한 의문이 들기 시작한다. 나의 결론부터 말하자면 스트레스 대부분은 그 원인 파악이 선명하지 못해서이다. 즉 다시 말해 왜 스트레스를 받는지를 알 수 있다면, 원인 규명 후, 확실히 이해된다면 스트레스 지수는 떨어지고 대응지수는 올라갈 수밖에 없다. 어려운 이야기로 들린다면, 쉽게 예를 들어 설명해 보자.

A씨는 얼마 전 이직한 회사에 벌써부터 불만이 자라고 있다. 전에 다니는 회사는 인간미가 없다며 마치 기계 같다고 투덜거리던 그, 이제는 옮긴 회사의 잦은 회식이 불만이다. 퇴근 후 이어진 회식으로 몸무게가 5kg이나 늘었다며, 개인 시간도 없다고 투정한다. 남이 볼 때는 인간미 있는 곳으로 옮겨 행복한 고민일 것 같은데 그에게는 또 다른 퇴사 이유가 되는 듯하다.

절이 싫으면 중이 떠난다는 말이 있다. 결국, 그는 또 다른 곳을 향해 짐을 싸야만 하는 걸까? 과연 그에게 해결할 방법이 없는 걸까? 일체유심조(一切唯心造)라는 말이 있다. 즉 모든 일은 마음먹기에 달려있다. 또한, 스트레스 원인 분석을 철저히 한다면 그리고 상관관계가 이해된다면 더 좋은 방향으로 흘러갈 수도 있는 문제이다. 나는 그에게 이렇게 말하였다.

"생각의 전환을 해보세요. 예전 회사보다 인간미가 있음에 감사해 보세요. 사람은 망각의 동물이라 작년 나를 만났을 때 당신이 바라던 직장환경에 지금 가까워 있음에도 또 다른 불만이 생기고 있는 것 같아요. 가만히 생각해 보세요. 정말 스트레스의 원인이 그것인지 말이죠. 그래도 스트레스의 원인이 바로 잦은 회식이라면 사장님과 솔직히 이야기를 나누어보세요. 요즘처럼 어려운 불경기에 회식하는 이유가 있을 거예요. 어쩌면 입사한 지 얼마 되지 않은 당신을 위한 배려였을 수도 있었을 테니까요. 모든 일은 솔직히 오픈하고 소통할 때 타인이나 자신의 마음속의 불만과 스트레스는 줄어든답니다."

나의 말에 그는 고개를 끄덕이고, 좋은 말씀이라며 한 가지 질문을 덧붙인다.

"교수님 말씀은 스트레스에서 벗어나려면 정확한 원인 진단을 해보라는 거죠? 말은 이해가 되는데 어떻게 그렇게 할 수 있을까요?"

그의 눈동자를 잠시 바라보다 나는 답을 건넨다. "알게 모르게 사람들은 생각의 패턴에 갇혀 살고 있어요. 늘 같은 과정을 반복해서 경험하다 보면 우리의 생각은 이미 시작 전에 답을 만들어 내지요. 실상은 그와 반대에 있음에도 말이지요. 그래서 틀에서 벗어나는 시간이 필요하답니다. 굳이 산속으로 들어가거나 촛불을 켜고 밤을 새울 필요까지 없습니다. 그저 조용한 곳에서 자신을 들여다보는 시간이면 족합니다. 그때 거울이 있으면 더 좋아요. 거울을 보면서 자신에게 말을 걸어보는 거지요. 자기 대화를 통해, 스트레스와 고통의 본질을 찾을 수 있어요. 본질을 찾으면 지금껏 경험한 고통의 부피는 줄어들어요. 그리고 해결할 대응책까지도 얻을 수 있답니다. 못 믿으시겠다면 속는 셈 치고 한번 해보세요." 나의 답에 그는 또 한 번 고개를 끄덕이고 있었다.

요즘 사람들 너무나 빠르게 흘러가는 세월 속에서 '빠른 판단 = 능력'이라 생각하고 살아가는지 모른다. 그 시대조류에 맞추기 위해 어쩔 수 없는 일이라 할지 모를 테지만, 상담하는 동안 왠지 모를 씁쓸함이 몰려온다. 그리고 조용히 눈을 감고 마음을 정리해본다.

"언제까지 떠돌이 중이 되어, 절만 탓할 것인가? 가만히 멈추어 세상을 바라보면, 세상이 보이는 법이다. 가만히 나를 돌아보면 내 안의 문제와 해결책이 보이는 법이다."

돈을 벌고 싶다면,
여기에서부터 탈출해야 한다

"지난달보다 매출이 줄었어요. 속은 타는 것 같고, 잠도 오지 않네요."

불안해진 경기 탓에 과도한 신경을 쓰고, 걱정으로 삶이 찌들어지면, 우리의 오장육부는 정상적으로 움직이지 않는다. 피부 또한 급격한 스트레스에 장시간 노출되면 검버섯이 피고 피부색은 점차 어두워진다. 이런 고민으로 아무것도 할 수 없을 것 같은 좌절감에 빠진 분들을 만날 때면 진심 어린 위로를 건네며, 곁에서 고민을 들어주고픈 마음은 더 커진다.

삶의 무기력증, 빠져 본 적이 있는가? 무엇을 해도 실수할 것 같다는 생각이 자꾸 든다면, 그건 최근 들어 쌓여온 부정적인 경험으로 생긴 자연스러운 현상일 것이다. 경기가 좋지 않아서, 건강이 나빠서라는 변명 같은 이유로 내 어린 자아를 방어해 보려고도 하지만, 그 또한 쉽지 않다. 그래서 오늘은 매출을 올리기 위한 첫 번째 미션, 먼저 무기력증에서 벗어나는 방법을 소개하려 한다.

1. 시크릿에서 빠진 한 가지 법칙

16년 전, 전 세계를 떠들썩하게 만들었던 책 한 권이 있다. 바로 '시크릿'이다. 론다 번이라는 작가의 이 책은 가히 자기계발 서적의 바이블이라고 할 만큼, 많은 사람에게 사랑과 관심을 받았다. 이 책의 키포인트는 "바로 상상하라, 생생하게 생각하면 현실이 된다"이다.

이 얼마나 매력적인 말인가, 생각만 하면 이루어진다니 말이다. 하지만 여기 한 가지 빠진 중요한 사실 하나가 있다.

바로 행동이라는 단어이다.

일이란 어떤 일을 하고자 하는 생각에서부터 시작되고, 그 생각에 행동이 이루어질 때 비로소 결과를 볼 수 있다. 예를 들어 살을 빼야겠다고 생각만 하고 날씬한 상상만 했을 때, 결과는 없거나 느려질 수 있다. 즉, 생각이 100이라고 하더라도 행동이나 노력이 0이라고 한다면, 결과치는 0이 되는 것이다. 그러므로 생각이 100이라면, 작은 행동 1이라도 해보는 작은 노력을 해보길 권해본다.

생각에 1이라는 작은 움직임,
행동이라는 마중물을 부탁한다.

2. 배짱 있게 살아도 된다

이시형 박사가 쓴 책 제목이 생각난다. '배짱으로 삽시다'

4차 산업혁명, 불확실성의 시대에 살아가는 우리, 너무 가슴 졸이며 살 필요가 없다. 기후변화로 인해 올해 더위는 사상 최고치가 될 거라고 하고, AI 인공지능이 발전함에 따라 인간의 모든 활동 영역은 로봇과 컴퓨터가 대신 할 것이다. 과연 무엇이 안전하고 무엇이 확실하단 말인가? 90대 할머니의 인터뷰 이야기가 생각난다.

"그냥 배짱 있게 살아, 하고 싶은 거하고 살아, 이래도 한세상, 저래도 한세상인데, 걱정한다고 해결되지 않더라고"

인간에게 만족하는 삶이란 없다. 어느 한 부분이 항상 부족하기 마련이다. 다만 지혜로운 사람은 소유(Have)가 아닌 존재(Be)에 감사하며, 이미 가진 풍부함에 삶의 포인트를 맞추고 살아간다. 하지만 살면서 부족을 느끼는 것이 잘못된 것은 아니다. 부족하다는 말은 결핍이라는 말과 같다. 결핍이 없다면 사람은 성장의 필요성을 느끼지 못한다. 건강검진 후, 비타민 D가 부족하다는 의사의 소견을 듣고 부지런히 야외에서 걷기를 시작한다. 이렇게 시작된 걷기가 습관이 되어 예전보다 더 건강해진 사람도 있다. 결핍은 성장을 이끄는 촉매제의 역할을 한다. 그러므로 결핍을 네거티브하게만 보지 말자. 그리고 배짱 있게 살자, 힘들어도 웃어보면 좋은 운도 들어올 것이고, 아파도 성장의 관점에서 생각해 보자.

어쨌든 세월은 흘러가니
무엇을 선택할지는 우리의 몫이 아닐까?

3. 다들 그렇게 살아간다

천석꾼은 천 가지, 만석꾼은 만 가지의 걱정이 있다고 했다. 화려한 조명 아래에서 하루를 살아가는 사람들의 마음 역시도 우리와 크게 다르지 않다. 과거 유명했던 연예인들의 변화된 삶을 보여주는 프로그램을 보더라도 인간의 삶, 굴곡은 예외가 없었다. 세포 분열이 멈추는 시간부터 노화는 시작되고, 중력의 법칙으로 얼굴의 피부는 처지기 시작한다. 인간이라면 누구에게나 찾아오는 시간이다.

그래서 너무 아파하지 않았으면 좋겠다. 지금까지의 당신의 삶을 돌아보아라, 좋은 날도 있었을 것이다. 그런 날은 반드시 다시 찾아올 것이다. 어둠이 내린 밤이 아무리 깊다고 한들, 새벽이 오는 소리를 막을 수는 없다. 지금 깊어진 시름으로 하루가 힘들다면, 이제 그 마무리의 끝에 서 있는 것이라고 믿어도 된다. 새벽이 오기 전 어둠이 가장 어둡게 느껴지는 법이니까 말이다.

나만 힘들고 외롭다고 느끼지 않아도 된다.
모두가 말하지 않을 뿐이다.

단기적으로 매출을 올릴 수 있는 기계적인 방법은 어느 시대에서나 존재해왔다. 그러나 지속 가능한, 그리고 장기적으로 수익을 내기 위해서는 먼저 당신이 무기력하지 않아야 하고, 마음에는 항상 여유가 있어야 한다.

회사를 찾은 고객들, 매장을 찾은 손님들을 제일 먼저 맞이하는 건 제품이나 기술이 아니라 당신의 얼굴이기 때문이다.

행복과 성공을 유지하는
2가지 방법

음력 설날, 구정 연휴를 보내며 많은 사람들은 그간 만나지 못했던 친척, 이웃들과 따뜻한 식사를 하며 소탈한 정을 나눈다. 그간 어떻게 살았는지 혹여 마음속 그늘이 있는지 살피기도 하며, 삶의 지혜를 나누기도 한다. 그래서인지 설날의 떡국은 평소보다 맛있는 것 같다.

코로나란 특수성으로 오랜만에 만나는 고향 친구도 있다. 많이 변화된 그들을 볼 때면 격세지감(隔世之感)이란 말이 떠오른다. 코로나 전, 그 활기차고 의욕이 넘치던 모습은 사라지고, 움츠려진 몸에 마음마저 작아 보이는 모습을 볼 때면 여러 생각이 교차한다. 세상 다 가진듯한 모습, 때로는 오만함이란 이름으로 비칠 때가 오히려 더 좋지 않았을까라는 안쓰러움이 내 마음에 잔상을 남기기도 한다.

그런 이들과 만남에서는 늘 떠오르는 한 단어가 있다. 화무십일홍(花無十日紅), 세상 그 어떤 이쁜 꽃도 10일을 넘기지 못한다는 말, 즉 어떤 기쁨과 즐거움도 영원히 지속되는 것은 없다는 말이다. 식지 않는 인기를 가진 연예인도, 세계 최고의 매출실적을 평생 유지하는 기업도 없다. 사람도 기업도 환경에 따라 바뀐다는 말이다. 허나 그럼에도 불구하고 다른 이들보다 오랫동안 정상을 지키는 사람과 기업은 일부 존재한다. 시시각각 변하는 환경에 둘러싸인 우리의 삶에서 과연 어떻게 살아야 할지에 대한 열쇠를 그들에게서 찾을 수 있을지 모른다. 혹여 그것을 알 수만 있다면 화무십일홍을 최소한 화무백일홍으로 만들 수 있지 않을까 생각해보며 글을 이어본다.

첫째, 주위 사람들에게 최선을 다하는 사람이다.

그들에게는 겸손함이란 미덕이 그림자처럼 늘 함께하였다. 흥할 때 자만하지 않고, 주위를 돌보았으며 가진 것을 나누어주는 인격을 가진 이들이었다. 노블레스 오블리주(noblesse oblige)의 대명사로 불리는 경주 최씨의 가훈, 1백리 안에 굶어 죽는 사람을 없게 하라는 말처럼, 가진 것을 나눌 때 보이지 않은 행복의 파이는 더 커질 수 있다. 좋은 사람인지 보려면 먼저 그의 친구를 보라는 말이 있듯이 내가 가진 것을 주변에 나누는 마음은 더 좋은 사람을 끌어당기는 자석과 같은 역할을 한다. 또한, 그렇게 뿌린 행복의 씨앗은 자식인 후대에까지 복을 내릴 수 있을 것이다. 하지만 세상 사람들은 눈에 보이는 현세에만 집중해서, 보아야 할 것을 못 보는 경우도 많다. 주변보다 자신에게만 집중하려는 모습에서 세상의 씁쓸함을 지우기 어렵다.

둘째, 열정으로 미래에 도전하는 사람이다.

사진 찍기 좋아했던 학창 시절, 카메라에 필요한 필름, 그 대명사는 후지와 코닥이었다. 용호상박(龍虎相搏)을 이루는 이 두 기업은 영원히 존재할 것 같았다. 기록과 추억이라는 이름을 원하는 사람들이 사진을 필요로 하는 한 영원할 것으로 말이다. 하지만 이 두 기업 중, 하나는 현재 존재하지 않는다. 바로 미국의 코닥은 디지털 시대에 적응하기보다, 오히려 아날로그 필름사업에 집중하였고 환경의 변화를 직시하지 못하였다. 그러한 이유로 2012년 무렵 영원한 태양일 것 같았던 코닥 필름은 미국법원에 파산 신고를 함으로써 우리의 추억과 함께 사라지게 되었다. 하지만 반대로 일본의 후지는 미래를 준비하였다. 필름뿐 아니라 후지 제록스와 같은 새로운 사업을 시도하였다. 이처럼 현실을 직시하고 도전하는 열정은 개인의 삶뿐 아니라 기업의 성공을 더 오래 유지시켜줄 수 있다.

앞서 말한 두 가지를 요약하면, 따뜻한 마음으로 주위 사람들과 정을 나누며, 세상의 변화를 인식하고 삶을 이끌어간다면 행복을 더 오랫동안 유지할 수 있다는, 힘든 시간이 오더라도 빨리 벗어날 수 있다는 공통분모를 도출시킬 수 있다. 혼자 살지 않는 세상이기에 우리는 서로 의지하고 살 수밖에 없다. 그러기에 우리는 진심을 주고 살아야 한다. 당신은 다른 사람의 성공에 기여한 적 있는가라는 책 제목이 있듯이 친구가 행복하면 나도 행복해질 가능성이 높아진다. 이에 내가 힘들 때 나에게 손을 내밀어줄 누군가를 바란다면 오늘 당신이 하는 행동을 체크해야 한다.

　너무나 빠르게 흘러가는 세월, 내년 구정도 금세 우리 앞으로 다가올 것이다. 그때는 움츠려진 친구의 어깨가 펴지고, 잠시 꺼졌던 당신의 마음에도 빛이 비쳐오길 기대한다. 이론처럼 되지 않는 것이 인생이다. 하지만 진리를 알고 아직 가보지 않은 길에 발걸음을 옮길 수 있다면, 어느새 당신의 주위에는 더 좋은 사람들로 가득할지 모를 일이다.

마음 편해지는
이야기

살아간다는 것이 말처럼 쉬운 일이 아닌 사람도 있다. 그냥 '숨쉬고 잠자는 일'이 살아가는 것 아니냐고 반문하는 이가 있을지도 모르지만 말이다. 나이가 들며 사는 것이 쉽지 않다고 말하는 이를 살펴보면 그들의 어깨에는 보이지 않는 과한 짐이 올려져 있는 경우가 많았다. 어느 날 마음이 힘들다며 나를 찾은 50대 여성 대표 한 분과의 상담, 깔끔한 정장 차림의 그녀와의 첫인사, 보통 사람들과 차이점을 발견할 수 없었다.

건네준 찻잔을 받아 들고 한동안 말이 없던 그녀는 어렵게 입을 열었다. "코로나 이후 어려워진 경기로 저의 역할이 너무 힘들어요. 노모의 자식으로서 그리고 어린 자식들의 부모로서 잘 해주지 못해 늘 주위 사람들에게 미안해요" 말을 건네는 그를 볼 때 가녀린 어깨 뒤로 보이는 죄책감이라는 그림자가 주위를 어둡게 물들이고 있는 듯하였다.

이어진 그와의 대화, 지금의 생활 패턴만 들어보아도 무척이나 열심히 살아가고 있는 이 시대 대표적인 여성이자, 어머니였다. 자신의 행복보다는 가족의 행복을 우선시하고, 본인의 건강 즈음은 괜찮다고 여기며 때로는 몸을 혹사하기도 하는 성격으로 보였다. 그래서일까, 그녀 마음은 어느새 서서히 우울이라는 늪에 잠기고 있었다.

정작 본인은 알지 못한 채 말이다.

나지막한 목소리로 말했던 그녀의 고민들에 나는 이렇게 답하였다.

"대표님이 하는 크고 작은 일이 많을 테지만, 그 일들이 모두 완벽할 수는 없어요. 그리고 그 일에 대하여 모두 책임질 수도 없어요. 혹시 본인도 모르게, 실수하기 싫어하고 남들에게 아쉬운 말을 하기 싫어하진 않으신지요? 검사를 해보면 알겠지만, 완벽을 지향하는 성격으로 보여요. 지금까지는 이러한 성격 덕분으로 오늘날 성공한 모습을 만들었겠지만, 나이 50, 지금부터는 다른 모습으로 살아가는 것을 권하고 싶어요.

제가 볼 때는 지금 마음에 감기가 든 것 같아요. 감기가 들었을 때 보통 우리는 어떻게 하나요? 잘 먹고 잘 쉬고 잘 자는 것이 정답이지요. 아프면 때로는 병원도 가고 말이죠, 우리의 마음도 마찬가지랍니다. 보이지 않는다고 괜찮다며 무시해서는 절대 낫지 않아요. 바빠서 고통 역시 잠시 잊을 수는 있지만, 해소되지 않은 그런 감정들이 쌓여 나중에는 오히려 고치기 어렵기도 하답니다.

그러니 이제는 조금 편해지기 바랍니다.

내가 할 수 있는 일과 할 수 없는 일을 구분해 보세요. 대표님의 이야기를 들으면 혼자 모든 일을 다 처리하고 있는 것 같아요. 물론 더 이야기를 나누어 보면 알겠지만, 할 수 없는 일에 대하여 많은 감정 소비를 하지 않았으면 해요. 일적인 문제뿐 아니라, 사람 간의 문제도 마찬가지랍니다. 대표님이 할 수 없는 일에 미련을 두지 마세요. 그냥 흘러가도록 편하게 두시는 것이 좋습니다.”

마음은 그렇고 싶은데 그럼 어떻게 하면 좋을까요?
아까보다는 힘이 실린 목소리로 나의 눈을 보며 질문하였다.

가지치기를 하세요!

“A4지를 반으로 접어 할 수 있는 일과 할 수 없는 일을 종이 위에 적어보세요.
마음으로 하지 말고, 직접 적은 것을 눈으로 확인하세요.
그래서 오른편에 적은 할 수 없는 일은 과감하게 가지치기를 하는 것도 좋습니다. 막연하게 생각의 우물 안에만 있다 보면 가지치기가 어려워요. 일이든 사람이든 종이에 적힌 할 수 없는 일, 대표님의 마음에 독이 될 만한 일들은 과감히 가지치기하세요. 대표님의 행복을 위해 말이지요.

그리고 아까 샌드위치 사이 패티가 된 느낌이라고 하셨지요?

때로는 주연보다 조연의 역할이 중요할 때가 있어요. 늘 주인공이 되려고 하지 마세요. 각자의 인생은 각자가 책임지고 이끌어나가는 거예요. 부모님도 부모님의 인생이 있고, 아이들도 아이들의 삶이 있는 거예요. 책임을 전가하는 것이 아니라 아무리 가까운 사이라도 때로는 조연의 역할로 조력자의 역할까지만, 바로 거기까지만 해주세요. 그것이 오히려 다른 가족 구성원들의 행복에도 도움이 될 거예요.

다음 시간까지 이 부분에 대하여 한번 생각해 보고 오세요. 대표님은 뭘 해도 진지한 것 같아요. 그러니 앞으로는 너무 진지하게 살지 마세요. 사소한 일에도 실수가 없도록 몇 번이나 체크하고 살피는 일, 한 번으로 족합니다. 때로는 사람이 실수도 해야 사람다워 보이고 인간미도 느껴지는 법이에요. 물론 중요한 일은 지금처럼 몇 번이고 확인하는 것이 좋지만, 대부분의 생활에서 진지함이란 단어와 멀어지길 바라봅니다. 사람이 만날 때도 너무 진지하면 말이죠. 재미가 없어요. 오늘 저와 대화에서도 한 번도 웃지 않은 거 아세요?"

이 말을 전하는 그 순간, 비로소 그의 입가에 번지는 미소를 보게 되었다. "제가요? 정말요? 한 번도 웃지 않던가요?"

저에게도 좋은 날이 올까요?

"물론이지요. 그치지 않는 비는 없듯이 인생에서 좋은 날은 반드시 옵니다. 그러기 위해서도 오늘 제가 말씀드린 부분을 한번 실천해 보세요. 너무 진지하게 살지 않기, 그리고 할 수 없는 일에 대하여 미련 갖지 않기 이 두 가지만 잘 실천하더라도 웃음을 찾을 거고 그러한 미소는 좋은 운을 당기기도 할 거니까요."

상담은 내담자의 마음길을 함께 걸어가며 지지해 주기도 하지만, 평소 보지 못한 길을 설명해 주기도 한다. 그래서 상담은 약으로 해결하는 것보다 어쩌면 지속 가능한 행복의 명약일 수도 있다. 나는 그에게 나의 책 "마음치유"를 읽어보길 권했다. 생각 안에서 벗어날, 관점의 변화가 필요해 보였기 때문이다. 다음 주, 더 밝아질 그녀의 모습을 상상해 본다.

저자 약력

나이가 들면 누구나 지혜로워질 것이라는 막연한 기대로, 우리는 어쩌면 비슷한 패턴 속에서 하루를 살아가는 듯하다. Why와 How라는 질문을 자신에게 건네지 않은 채 말이다. 좋은 질문이 좋은 답을 만든다는 말처럼, 현대인들이 충분히 가질 수 있었던, 그동안 미처 몰랐던 행복에 대하여 저자는 낮은 목소리로 독자에게 말을 건넨다.

행복학교 교장으로 매년 300회 이상의 국내뿐 아니라 해외 강연 및 코칭을 하며, 삶의 희로애락을 글을 통하여 세상과 소통하고 있다. 마음을 정화 시키는 일에 글만한 일이 없음을 강조하며 책쓰기 과정을 통해 작가양성에도 힘쓰고 있다.

지금까지 쓴 저서로는 마음치유, 당신 잘못이 아닙니다, 내 안의 행복을 깨워라 등 5권과 글쓰기 제자들과 함께 쓴 감정치유 글쓰기 등 10권의 공저 전자책들이 있다.

최경규의 행복학교 교장, 경영학 박사, 심리상담가

글로벌행복아카데미 대표이사
보건복지부 외래교수, 한국복지사이버대학교 특임교수
前) 외교부 국제디자인교류재단 인재원 부원장

블로그: https://blog.naver.com/londonol
e-mail: billchoi3@naver.com
강연 주제: 행복, 힐링, 치유, 리더십, 조직문화개선, 글쓰기, 싱잉볼명상 등

N 최경규

나만 몰랐던 행복

초판발행　　　2025년 3월 31일

지은이　　　　최경규
펴낸이　　　　안종만·안상준

편　집　　　　조영은
기획/마케팅　장규식
표지디자인　　BEN STORY
제　작　　　　고철민·김원표

펴낸곳　　　　(주) **박영사**
　　　　　　　서울특별시 금천구 가산디지털2로 53, 210호(가산동, 한라시그마밸리)
　　　　　　　등록 1959. 3. 11. 제300-1959-1호(倫)
전　화　　　　02)733-6771
f a x　　　　02)736-4818
e-mail　　　　pys@pybook.co.kr
homepage　　www.pybook.co.kr
ISBN　　　　979-11-303-2171-4　03180

copyright©최경규, 2025, Printed in Korea

정　가　　　　18,000원